ロールプレイングPDCAで毎日1%仕事力をアップする

ムダな努力ゼロで大成長
賢い仕事術

株式会社 山下PMC
木下 雅幸

ダイヤモンド社

これで毎日365日1%成長できる

第2章
初級編

成長するために　ＰＤＣＡで経験値を積み上げる

ＰＤＣＡはなぜ止まってしまうのか？
目的と手段を間違うとすぐに止まってしまうＰＤＣＡ
失敗の5パターンを押さえておけば経験値は高まる！
「準備力」を上げると経験値は増える
「一人プレス発表」でＰＤＣＡを回してみよう
どんなにいいアイデアでも、いったん落ち着いて検証する
3人の「他人」の力で自分の経験値を増やす、賢い方法
ＰＤＣＡを妨害するルールは、むしろ味方につけてしまう
経験値を得にくい仕事は徹底的にルーティン化する
「見える化」でＰＤＣＡを動かし続ける

PDCAの「見える化」――TODOリストで「時間」を操る
段取りTODOリストで「人」の力を活用する
PDCAの「見える化」――スケジュールがあれば動きは止まらない
「短期スケジュール」の併用で仕事を着実に回す
まずは自分だけでできることから身につける

第3章
中級編

目の前の相手とともに成長を加速させる！

113

いよいよ「他者」とともに歩む入り口に立つ
リーダーは自分を成長させる「おいしい」ポジション

リーダーが経験値を稼ぐための三つの「型」

「型」を上手に駆使して仕事を動かす

まずは相手の意向に寄り添い合格点を狙う

対話こそアイデアの宝庫だ

「考え方」の合意が、仕事をうまく進めるカギになる

相手の期待値がわかると成長は早まる

相手の予想外のフィールドで得点する

事実とロジックに「情熱」を足すとPDCAが回る

意見を通すには「切り出すタイミング」と「深さ」を考える

キャラクターを「鏡映し」にして相手の心に食い込む

無関心な相手は強引にでも巻き込む

「責任感」は個人に、しかし「責任」はスキームに押しつける

第4章
中級編

見えない相手をストレスなく攻略する賢い方法

157

相手が大勢の場合、まずは否定されないことを目指す
プレゼンは、オフェンスよりディフェンス重視
プレゼンの提案書を「ラブレター」に変換して差をつける
プレゼン開始直前の5〜10分を生かす三つのポイント
まず「やるべきことは何か」を問う
端と端を押さえると、やるべきことが見えてくる
他者同士のトラブルの火種は、放置しないでいったん持ち帰る
ゴールまでの「道筋」は複数用意しておく
見えない危機の管理は「違和感管理」で乗り越える
どう手をつけていいかわからないなら、まずは「わかる範囲」でやってみる

第5章
上級編

地域、社会、そして世界を相手に仕事力をグレードアップ!

地域、社会、そして世界を相手にして飛躍するために
まずは「見えない相手」をプロファイリングする
「見えない相手」の背後にいる「さらに見えない相手」を知る
エンドユーザーの思いをつかむ二つのアプローチ
相手の会社の社会的な意義を提案の起点にする
「見えない相手」に響く提案書づくりのポイント
さらに見えない相手「ラスボス」を意識すれば救われることも

「正解」がない仕事で成果を出すための賢いテクニック&アイデア

プロフェッショナルなら解を出し続けるための武器を持とう
誰でもできる！　二つの「そうぞう力」でストーリーを描く
魅力あるストーリーを作る材料を用意する
ストーリーには「あらすじ」と「ディテール」がある
ストーリーは切り口とエッセンスの「組み合わせ」で作る
「組み合わせ」の成果で変わるストーリーの鮮度
ストーリーに「自分事」を組み合わせればオリジナリティーにつながる
成否を決める、自分の「準備」＋相手の「コンディショニング」
失敗しにくいPDCAはスパイラル状になっている
「大数」を自分流にアレンジして相手の心を揺さぶるストーリーを
仕事にはマンネリ感を打ち破る「ハイライト」が必要

序章

入門編

毎日、たった1％成長すれば大成長！

ＰＤＣＡなんて、しょせんは「無理ゲー」？

なぜ、思い描いたとおりの成果があがらないのか？
なぜ、面倒で煩雑なことにばかり振り回されてしまうのか？
なぜ、「自分は進歩している！」と思えないのか？
なぜ、なぜ、なぜ……。

日々忙しく働き、インプットも欠かさず、くたくたになりながら頑張っているはずなのに、報われている感覚や成長している実感が得られない。本書は、そんな方がムダな努力もゼロで、つまり、どんなささいな日々の経験をもムダにせずに、周りがうらやむほど大成長する、賢く働くノウハウをまとめたものです。

私は「建築のコンサルタント」という、もしかしたら読者の皆さんには耳慣れない仕事をしています。より正確にいえば、コンサルタント会社の役員であり、会社が担っているすべての案件を把握しなければならない立場にあります。私がかつて携わった建物を介して、すでに、読者の皆さんとご縁があったかもしれません。

ところが、実のところ私は、かつてこの仕事が得意ではありませんでした。大きな声では言えませんが、正直なところ今でも胸を張って毎回うまくできているとは思えません。

というのも、もともと私は建築士でした。机に向かい、定規を使ってあれこれ図面を引いている、あの建築士です。

建築士は基本的に「独り作業」が多い職人的な職種で、私自身その点がとても気に入っていたのですが、ある時から、クライアント（＝建築主）の右腕として、関係者の多い建設プロジェクトの取りまとめ役となり、コストを管理し、工期を守りながら、クライアントの想いを体現した「すてき」な建物を建てていくお手伝いをすることになったのです。建築士とは、近いようでまったくといっていいほど異なる仕事です。

したがって、当然のように、私は悩みました。あれこれ本を読み、自分のしている仕事をＰＤＣＡに当てはめ、計画し、動き、評価・検証して、改善するよう努力しました。

しかし、なかなか思うようにはいきませんでした。

その上、仕事は待ってくれません。明日は容赦なくやってきて、期日は迫り、あれこれと質問され、追いかけ回され、時には理不尽な文句を浴びせられたり、予想外のトラブルさえ起こったります。どれだけ努力しても、腰を落ち着けて学びたくても、そもそもその時間が圧倒的に足りません。今風にいえば「無理ゲー」です。目の前の仕事をさばくこと、どうにかしのいでいくことで、当初は精いっぱいだったのです。

毎日1%成長すると、1年後37倍の大成長だ！

もともと私は、本質的には「超」がつくほどの面倒くさがり屋で、できるだけ合理的に仕事をしたいと考えている人間です。だからこそ、自分のリソースを目いっぱい割いているにもかかわらず、改善が実感できない状況には我慢ができず、半ば「拷問」に近いものがありました。

そんななか、何で見たのかは失念してしまいましたが、あるフレーズに触れて、頭を殴られたかのような衝撃を受けたのです。

「毎日1％成長すると、1年後には37倍になれる」

私は理系出身ですから、このフレーズが直感的に心に響きました。これはとんでもない大成長です。

「毎日1％成長することを1年続ける」とは、「1・01の365乗」です。答えはおよそ「37・78」となります。もし信じられない方がいるのなら、検索サイトに「1.01^365」と入力してみてください。

鋭い方、あるいは資産運用に明るい方ならすぐにお気づきでしょう。これは複利効果です。1日後に「1・01」になった自分に、2日目はさらに「1・01」を掛けますから、2日後の自分は「1・0201」になります。「1・02」になるのではなく、もう少し成長できるのです。

入門編
初級編
中級編
上級編
超上級編

一方で、1％の成長とは、つまり「1」だった自分が、24時間後には「1・01」になっているということですから、その差は、当然ですがわずか「0・01」にすぎません。

昨日の自分より、今日の自分が成長していることをみんなが目指しているわけですが、その差はわずか「0・01」でいいわけです。

これまでの私はただがむしゃらに「努力」し、成長をつかもうとしていました。しかし、1日1％であれば考え方を変えたり、やり方を工夫するだけで十分なのです。

ただし、問題もあります。そのようなわずかな差は、実感しにくいということです。逆説的にいえば、1日単位の、たった「0・01」分の変化を実感するのはかなり無理が

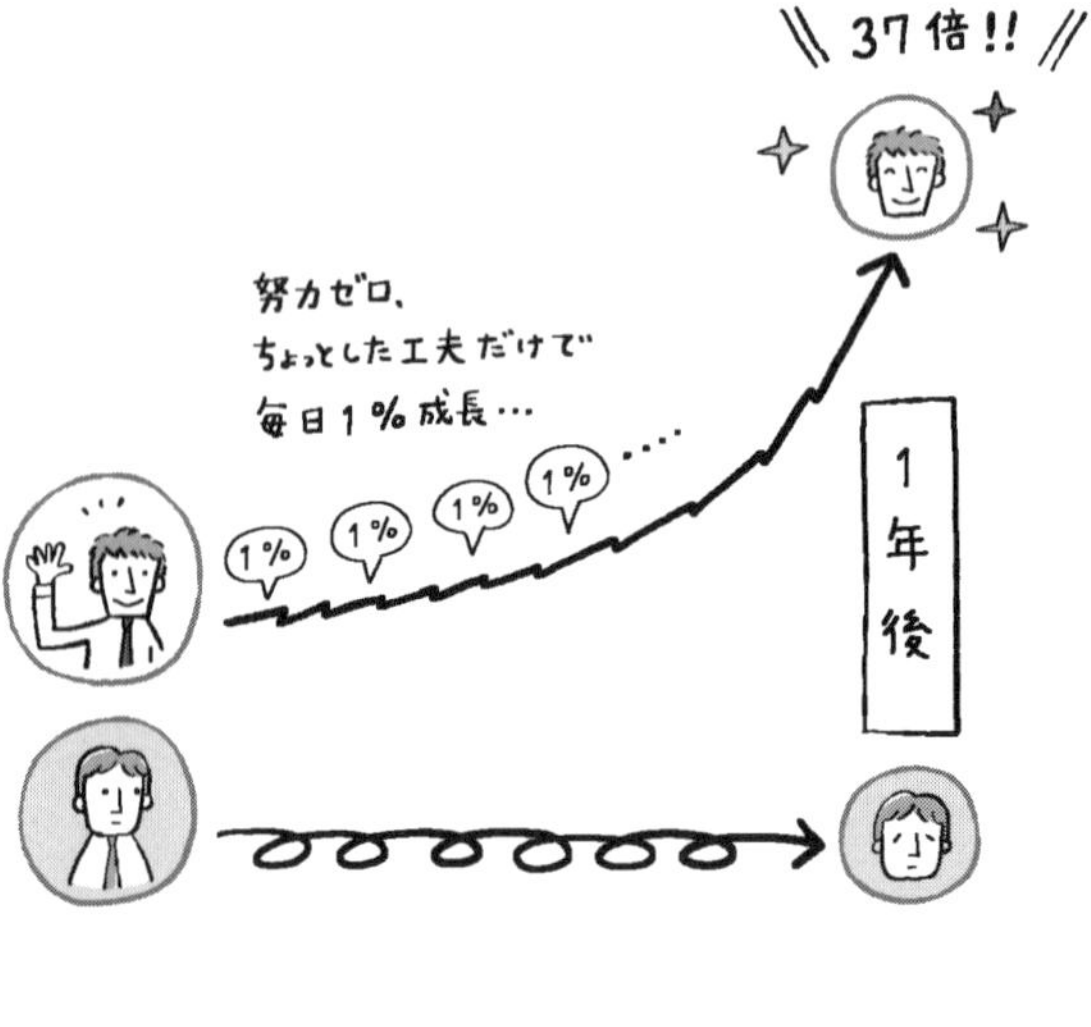

あります。ひょっとすると、1カ月でも厳しいかもしれません。

30日間仕事や自己研鑽《けんさん》に励み、成長をたゆまず続けたとしても、1・01の30乗は約1・35ですから、揺るぎない自信をともなって「よーし、オレは成長してるぜ!」と感じるには、やはりインパクトが欠けているわけです。


そのために、かつての私を含め、多くの人が、途中であっさり1%の成長のもとである工夫をやめてしまう、わかっていても放棄してしまうのです。

手を抜き始めれば、非常にみじめな結論が待っています。仮に横ばいを割り込んで、毎日マイナス1%ずつ「逆成長」してしまったとすると、現在「1」の自分は、1年後にはたったの「0・025」になってしまうのです(0・99の365乗)。恐ろしいことです。

1日単位で見れば、「1・01」と「0・99」には、わずか「0・02」の差しかありません。この差もまた、1日単位での体感は難しいでしょう。

つまり、「何が1%の成長に相当するのか?」を自分なりにつかみ、確実に持続していくことが大切なのです。本書は、そのために私が実践していることを、できるだけ多くのビジネスパーソンが応用できるよう、ノウハウ化したものです。

毎日の仕事のやり方を、ちょっと変えるだけでムダな努力ゼロ。1年後には飛躍的に仕事力がアップする。シンプルかつ合理的で賢いスキルアップのヒント集です。

成長とはRPGにおけるレベルアップに似ている

では、1％の成長、「0・01」分とは具体的にどんなことを指すのでしょうか。

そう考えて、周囲の先輩たち、先達たちの仕事をのぞくようになってから、私は三つのポイントに気づきました。

（1）あっという間に大成長している人たちは、経験値が高い。

（2）経験値が高い人たちは、成長がより速い。

（3）ただし、経験は「意識」して初めて経験値に変化する。

一つ目、二つ目は、複利効果で説明ができます。ひよっこの私が今日1日で1％成長し、「1」を「1·01」にして、差分の「0·01」を手に入れたのに対して、仮に私より1年先行して成長し、すでに「37·78」になっている先輩は、今日1日で1％成長するとおよそ「38·16」となり、その差分は「0·38」、つまり同じ1日なのに私の38倍成長しているわけです。何ともすごい話です。

経験値が高い人ほど、速く成長できる。この2点の関係性について、私は、ちょうど典型的な「ロールプレイングゲーム」（RPG）の仕組みに近いことに気づきました。

レベル1の私が、見るからに弱そうな敵を倒して得る経験値はわずか。しかし、レベル30の先輩はいかにも強そうな難敵を倒して、その数十倍の経験値を得られるわけです。だからといって、レベル1の私が無理をしてその難敵に挑んでも、一瞬で「死んで」しまい、かえって非効率的になってしまいます。

ということは、新しい仕事を始めた頃に私が感じていた焦りは、そもそも負荷を掛けすぎ、欲張りすぎたことによるものだったのです。

レベル1のビジネスパーソンが、ＰＤＣＡをいくら考えても、そもそもの計画が「レベ

入門編
初級編
中級編
上級編
超上級編

ル30の先輩が倒している難敵を倒す」であれば、計画自体が破綻していることになるのです。すごい人を見てしまうと自分との差にがくぜんとしてしまいますが、実は、そこで圧倒されて、自分にはもともと無理なのだと成長を諦めてしまうことこそ、大きな落とし穴だったのです。

ＰＤＣＡとは、成果を出すための手段です。本質的に目指すべきは成長であり、ＲＰＧでいうならば「レベルアップ」です。それを、ただでさえ仕事が忙しいなかで、どのように効率よくやっていくか。私はそこにこそ、ビジネスパーソンが順調に成長していく上でのクリティカルポイント（臨界点）があると感じています。

なぜ現実はＲＰＧのように成長できないのか？

ＲＰＧと現実の仕事を比べれば、なかなか成長が難しい理由がさらに浮かび上がってきます。

RPGはしょせんゲームであり、娯楽です。与えられたシンプルな条件があり、ルールがはっきりしているなかで物語が進んでいきます。設定された世界観に従い、ルールどおりにプレイをしていけば、明確な数値として経験値が上昇していき、レベルが上がることで「成長」も実感できます。

反面、私たちが日々向き合っている仕事はそうではありません。自分のレベルがいくつなのかを定量的に把握することはできませんし、レベルが上がったからといってファンファーレが鳴るわけでもありません。

先ほど三つ目のポイントとして「経験は『意識』して初めて経験値に変化する」と述べましたが、RPGではこの過程が当然のように省略されていて、経験したことを絶対に忘れず、100%、しかも自動的に積み重なり、絶対に後戻りしない決まりになっています。ところが現実の仕事では、経験したことですら結構簡単に忘れてしまいます。手を抜けば退化さえしてしまうことも……。現実世界では、経験をしっかり意識しないことには、今日の経験や努力が経験値にはなってくれないのです。

何をもってレベルアップなのか、ファンファーレを鳴らすどうかは、自分で決めるよりほかにないのです。自分の成長を自らモニタリングし、マネジメントして、自分で認めてほめてあげるしかないのです。

また、RPGにはプレーヤー自身の分身である一つのキャラクターだけで進めるものと、パーティーを組むものがあります。最新のゲームには疎《うと》いのですが、今ではオンライン上で複数の人たちが集まり、力を合わせてゲームを進めることが当たり前になっているともいいます。

では、実際の仕事ではどうでしょうか。かつて建築士として働いていた私は、仕事の時間の大半を「一人作業」が占めていました。ただそれでも、上司やクライアントとのコミュニケーションはありますし、施工が始まれば現場にも出向いて、建設会社や職人さんたちとも話します。一人きりで仕事をしているのは、全体の半分強、といったところでしょうか。なかなか一人きりで完結可能とはいきません。

そして、建築のコンサルタントとなった今では、もはやコミュニケーションが仕事のほとんどを占めています。社内のプロジェクトメンバーや、直接顔を合わせるクライアントの役員や建設会社の担当者だけではありません。

お互いの顔を見ながら話ができない人、さらには、いまだ出会ってすらいない将来建物を利用するであろう人や、その建物が立つ地域社会のことまで頭に入れて仕事をしなければなりません。登場人物も、変数もゲームの比ではありません。

　こう考えると、RPGのパーティーはとても気楽です。主人公であるプレーヤーが、コントローラーで望む命令を打ち込めば、同伴者たるキャラクターたちはそのとおり実行してくれますから。決して、文句を言い出したり、自信を喪失したり、自分を過信したりはしません。指導したりフォローしたりする必要もありません。もちろん彼らは、サボりも手抜きもせずに、指示どおり仕事をしてモン

スターを倒してくれるのです。100%、プレーヤーである自分に協力してくれるのです。

ところが、現実の仕事でPDCAを回していくには、ほとんどのケースで、「自分のコントロール下にない他者」の存在を取り除くことができません。ゲームならコマンドを選択してボタンを押せばすむことなのに、実際は膨大なコミュニケーションの時間とテクニック、そしてマネジメントが必要になります。その結果、下手をすれば仕事の邪魔になり、自分自身の成長を妨害されてしまうことだってあり得るのです。

1%成長を持続する2ステップとは

そこで、私は提案したいことがあります。

とにかく、毎日1%成長し、1年後に37倍と大きく成長するためには、できるだけ効率よく成長を続ける必要があります。

まずは、RPGを参考にして、PDCAがうまく回らない理由を二段階に分解してみます。いずれの段階でもやったことは決してムダにしない。考え方や捉え方を変えてみたり、ちょっとやり方を工夫して、明日に生かすだけです。

最初の段階は、自分の頭の中だけで改善できるＰＤＣＡサイクルの再点検、再構築を通して、今すぐ、自分だけでできる１％の成長を積み重ねていくことを目指しましょう。むしろこの段階で「他者」を巻き込むことは、レベル30に適した難敵をいきなり相手にするような無理な背伸びになりかねず、かえって成長のスピードを落としかねません。

その段階に慣れ、成長を実感できたら、改めて他者の存在、そして他者とのコミュニケーションを習得していきましょう。まずは「面と向かって」相手できる場合、次いで「面と向かえない」相手も現れた場合、最終的には「面と向かうことが不可能な」相手とどう向き合うのか、というところまで述べていきたいと思います。

そのために、本書は次のような構成となっています。

このあと始まる第１章、第２章は、読者の皆さんが、個人（他者のことは考えるが、直接他者には関わらないこと）で達成できる１％成長、スキルアップのアイデアをまとめました。レベルでいえば初級編です。登場人物は自分一人であり、PDCAというゲームを進めていくために、まず自分自身がどうすればいいのか、そして凝り固まって動かなくなってしまったPDCAを再び動かし始めるためのヒントを記しました。理屈としてPDCAを知っていても、すぐにカラダに刻み込まれるわけではありません。私のかつての苦い経験をヒントに、まずは着実に1%成長できるヒントを蓄積させていきましょう。

続く第3章、第4章では、そこに自分以外の「相手」が登場する場合のヒントにステップアップしていきます。自分のことは自分自身でどうにかできますが、他人に対してはそうではありませんから、もはや自分の努力など通用しない、レベルでいえば中級編ということになります。ここでは、相手の顔を見ながら仕事をする場合（第3章）を経て、もはや個々の顔を見ることができないほど大人数で仕事をする場合（第4章）へとステップアップしていくことを目指します。実践的で、即効性があるよう心掛けたつもりです。

一般的なPDCAに関する本であればここで終わってもいいのですが、私はこの先に「見えない相手（＝地域、社会）」を相手に仕事をする場合（第5章）、というカテゴリーがあると考えています。ここまでくれば、上級編といえるでしょう。

最後の第6章は、不器用ながらもどうにかここまでやってきた私の、いわば「木下流」

の仕事の流れ、プロジェクトを把握する方法を、ケーススタディーとしてノウハウ化、教訓化したものです。上級編のさらに上というと少し気恥ずかしさもありますが、あくまで私流の「超上級編」とでもとらえていただければ幸いです。何せ得意とはいえない仕事を通して、苦労して身につけたことですから、やはり苦労をしているであろうあなたの、今後のお役に立つかもしれません。

したがって、まずは第2章までを確実にクリアしましょう。第2章までは、ほぼすべて自分一人だけでできることで、周囲の状況、与えられている条件にはあまり左右されません。むしろ、第2章までを何度も読み返していただき、一度そこで本を閉じるくらいでいいと思います。自分の頭の中でＰＤＣＡが回り、成長の実感が得られるようになったと思ったら、改めて第3章以降に進んでください。

とにかく、ポジティブであることこそ、成長を持続させる最強の武器です。経験をムダにしない。楽しく、賢く合理的に成長する。それこそが、昨日の「1」を今日の「1・01」に、そして365日後の「37」へと確実につなげていく原動力です。

本書が、さまざまな分野で活躍する読者の皆さんご自身の成長と、携わっている仕事、そこに関わるすべての人々の成果につながれば幸いです。

序章のまとめ

- 1日に「1%」の成長を続ければ、1年後のビジネススキルは37倍の大成長。
- PDCAは、成果を得るための手段であり、本質的に目指すべきは成長である。
- 毎日1%成長のための2ステップ。まずは自分だけでできるPDCA。次に他者を巻き込むPDCA。
- 1%の成長に特別な努力はゼロ。考え方を変え、やり方を工夫して明日に生かすだけ。

第1章

初級編

これで毎日365日1％成長できる

1%成長に、特別な努力は不要。考え方と工夫で賢く成長

まずは安心してほしいのですが、毎日1%成長するために、特別な、血のにじむような努力は必要ありません。ちょっとした考え方の変化と、多少の工夫が求められるだけです。

ここでいう成長とは、経験値を得る作業と同じです。経験値の内容についてはあとで詳しく述べますが、RPGとの違いは、ゲームであれば「戦闘」をこなせば確実に定められた経験値が、過不足なく、しかも自動的に加算されていくのに対して、私たちの現実では、何らかの仕事（＝「戦闘」）をなし終えても、それがそのまま経験値に、しかも決まった数値で直結するわけではない点です。

面倒ですが、自分で経験値をしっかり「取り」にいかなくてはいけないのです。

このポイントを誤解したままだと、「せっかく苦労して仕事をこなしたのだからきっと成長しているはずだ」、「こんなに頑張ってくたくたなのだから前進できているはずだ」な

どといった、自分に都合のいい誤解を放置してしまい、結果として、成長しないままにどんどん大きな仕事を任され、ただただ疲弊《ひへい》し、やがては心身が破綻してしまうことにつながりかねません。

おそらく、あなたはすでに大きな仕事を任されていて、今後はさらなる活躍を期待されていると思います。またそれが、個人としては少しプレッシャーに感じられるのかもしれません。

こうしたなか、日々の仕事から着実に1％の成長を実現させ、少しずつ経験値を積み重ねる。あとで気づいてみたらいつの間にかビジネスパーソンとしての筋力、体力が増えている。これが、私たちが取り組む最初のテーマであり、賢い成長の方法です。これからの仕事の内容を高めるためにもっと努力をする必要があるというよりは、すでにしていることから得られるはずの経験値を、着実に汲み取っていくスタイルに変わればいいだけです。つまり、経験値が多く残せるテクニックを知ればいいだけなのです。

これは、いってみればクセのようなものです。その積み重ねが、1年後の37倍もの大成長に結びつき、どんどん大きな仕事もこなせるようになって、経験値も指数関数的に伸びていくのですが、最初の章では、あまり気負わず、よりお得に経験値を稼いでいく方法を着実にマスターしていくことだけを考えていきましょう。

1日1%成長できる人は、自分を大切にしている

ある1日において、まったく同じ価値を生み出す仕事をした人が二人いたとします。そのうちの一人は昨日より1%成長して1・01になったのに、もう一人は何も変化せず1のまま、あるいは反対に1%退化してしまい0・99になるということも、実は十分にあり得ると思います。

両者を分かつ第一の決定的な違いは、「自分を大切にしているかどうか」です。これは、テクニックを身につける前に、ぜひ知っておいていただきたい重要なポイントです。わかっているだけで格段に楽に成長できるからです。

私がこのことに初めて気づいた、個人的にも思い出深い経験があります。

現在の私は建物に関わるコンサルタントですが、当時は建築士として働いていました。入社して数年がたった頃、それまで担当した案件よりも難しい、大型再開発プロジェクトの担当メンバーになりました。

再開発プロジェクトとは、ある範囲（再開発地区）の土地や建物を保有している大勢の権利者を集めて、一つの大きな土地にまとめ、建物を建て替えていくものです。権利者のさまざまな意見を反映しながら調整していく必要があるため、常に設計変更の要望に対応していかなくてはいけませんでした。私はメンバーに加わってから半年あまり、平日も土日もなく、ほぼ毎日終電帰りという、ハードな日々が続いていました。

その時の辛さは、時間的、肉体的な問題だけではありません。せっかく知恵を絞ってもほかの都合であっさり覆され、一生懸命取り組んでも、仕事の内容そのものの評価にはおかまいなくアイデアが埋もれてしまうなど、努力は報われず、メンタル面でも、かなりのストレスを強《し》いられていました。

そこでいよいよ我慢できなくなり、ある時、上司に不満をぶつけました。

「これほど一生懸命やっているのに、この仕事の進め方や状況は、いくら何でもひどすぎやしませんか？」

するとと上司は、こともなげにこう言いました。

「そうか。うん。しかし、しょせん仕事だということを忘れるなよ」

これは、当時の私には少々意外な言葉でした。

その上司は、言外に「もう少し引いた立場で全体を見ろ」と教えたかったのかもしれません。確かに今思えば、自分に与えられた状況をまったく俯瞰《ふかん》できていなかったことは事実です。

しかし私は、上司の言葉によってとても気持ちが楽になりました。

「そうか！　しょせん仕事なんだ！」

私のなかで溜まりに溜まっていた気負いが緩和され、自分が何かから解放された気分になり、ふと肩の荷が降りた気がしました。

目の前の仕事に追われるあまり、いつの間にか精神的に追い込まれ、しょせん仕事なのに自らの人生にまで悪い影響を及ぼし始めていたことに気づきました。そんな働き方でいいはずがありません。

ところで、「しょせんは仕事」という考え方を、「仕事なのだから適当でかまわない」とか、

「指摘されなければ、怒られなければそれで十分」、「何も考えず、言われたとおりにやろう」、「結局は給料さえもらえればいい」、「やっている振りをしてこっそりバレない程度に手を抜こう」という意味としてとらえることも、あるいは可能かもしれません。

ここが、実は自分を大切にできているかどうかの違いです。なぜなら、目の前の仕事を一生懸命に取り組むということのさらに大きな前提が、自分を大切にして生きていきたい、ということだからです。

一つの仕事に盲目的に努力し、憤まんを抱えて燃え尽きてしまうより、長い期間にわたって少しずつ成長する仕組みを作ったほうが、トータルとしてよりいい仕事ができるこ

とに、当時の私は気づくことができたのです。このちょっとした考え方のチェンジの結果、仕事の内容も俯瞰できるようになったことはいうまでもありません。

反対に、自分を大切にすることすら怠り、適当に流して仕事を始めれば、たとえ手先の器用さ、口のうまさだけである程度はこなしていけたとしても、たちまち成長は止まってしまいます。しかもやっかいなことに、表面を取り繕《つくろ》うテクニックだけはうまくなってしまうので、それを成長していると自分も錯覚してしまいかねません。これは、昨日の1を0・99にしてしまう典型例です。

1日1%成長できる人は、プライドを保身に使わない

もう一つの違いは、プライドの使い方です。

人という生き物は、自分も含め、つくづく感情で動く生き物なのだと感じます。とりわけ、その感情がプライドであった場合、時には思わぬトラブルになり、関係性も悪化し、進む

べき仕事も止まってしまいます。

プライドを持つことが悪いわけではありません。ただ、経験値をうまく得られる人は、プライドを「自分自身に向けて使う」ことができていると感じます。

たとえば、自分のした仕事が評価され、上司やクライアントにほめられると、プライドは大いに刺激されますし、励みにもなります。

反対に、自分としてはしっかり果たしたつもりの仕事が評価されず、相手の思いつきの意見で覆されたり、否定されたりすると、プライドが傷つき、不愉快な感情が芽生えます。やがて仕事に対するモチベーションすら阻害されてしまいます。

これ自体はごく自然な反応ですし、誰もが身に覚えのある経験でしょう。しかし、自らのプライドを自分の心を守るために使うのか、自分を高めるために使うのかが、1%の成長を得られるかどうかの大きな分かれ目になるのです。

私の携わる建築の仕事には、さまざまな分野のプロが関わっています。設計のプロ、工事のプロ、資産運用のプロ、そしてクライアントなどといった人たちが一堂に会して仕事を進めています。

時にはプロ同士が正面からぶつかることもあります。残念ながらこじれるケースがあることも事実です（調整法についてはあとの章で述べていきたいと思います）。私自身も、ほかのプロの方たちも、プロとしてのプライドを、自らの立場や主張を守り押し通すためのバリアとして使い始めるとたちまち話は紛糾し、迷走してしまいます。

それに対して、プロとしてのプライドを、互いが謙虚に学び続けるためや、素直な態度をキープするために使った場合は、互いが成長できるように感じることが多々あります。

せっかく頑張った仕事をむげに否定されたり、練りに練ったアイデアを妨害されるような意見を出されたりすると、その内容以前にそうされたこと自体が我慢できなくなります。しかし、これはまさに経験値を取りこぼすパターンです。せっかくのプライドは、素直に、謙虚に振る舞い続けることに使ってみるといいでしょう。すると、本当に自分に足りなかったところが、どんどん吸収できるようになります。

1%成長のために、まずは日々の仕事でPDCAを回す

自分を大切にする、プライドを保身に使わない、という二点に留意した上で、まず本書の大きな前提として強調しておきたいのは、日々すべての仕事を、しっかりPDCAの視点でとらえ、余すことなく回していこうということです。

この本を開いているあなたに、今さらPDCAが何かを説く必要はないでしょうし、もし忘れていることがあれば、PDCAの入門書をぜひ再確認していただきたいのですが、ここで強く意識すべきは、「PDCAについて学んだ」知識や、「PDCAとは何か?」を知っていることと、実際に仕事において起こるあらゆる事象をPDCAの枠組みでとらえ、計画して実行し、チェック・評価をして改善し、再び計画に結びつけていくというプロセスが習慣化していることには、実は決して小さくない距離があるという事実です。

典型的な例を考えてみましょう。PDCAをひと通り学ぶと、たとえば大きなプロジェ

クトを任されたら使ってみようなどと考えるでしょう。あるいは、せっかく勉強したPDCAなのだから、さっそく何か応用できそうなものはないか、何か適したものはないだろうかという、探索モードのような状態に入るでしょう。

しかし、このような状態はせっかく学んだPDCAの基礎が、日々の成長に、経験値稼ぎに結びつかないパターンです。1％成長のチャンスは、実はどこにでも転がっています。極論すれば、仕事でなくてもかまいません。個人的な遊びであろうと、親孝行であろうと、マンション管理組合の合意形成であろうといいのです。ポイントは、取り組むすべての事象をできる限りPDCAでとらえ、PDCA

を止めないと同時に、ＰＤＣＡ的な思考もできるだけ途切れることなく行うという考え方なのです。

ルーティーンに、それもできる限りすべてに、どんどんＰＤＣＡを導入してみることをお勧めします。それはつまり、いろいろなところにＰＤＣＡを通じて成長する機会が転がっている、ということでもあります。

ＰＤＣＡサイクルが成功しなくても成長できる！

一般的なＰＤＣＡに関する知識やノウハウ本は、ＰＤＣＡの起点であるＰ（計画）が、少なくともある程度は適切に設定されている、もしくはできる人を前提としているように感じます。しかし現実は、身もふたもない話かもしれませんが、そう上手に、きれいにＰＤＣＡが回ることはありません。

ＰＤＣＡがきちんと回っていない現実に直面すると、ＰＤＣＡとしての全体的な動かし方に問題があるのではないかと悩んでしまう方が多いように思います。しかし、慣れないうちは、そもそもＰの設定が適切であったかどうかを疑うほうが先決でしょう。Ｐの立て方が間違っていれば、その後のＤもＣもＡも、残念ながらあまり成長に寄与できません。

Ｐをうまく設定するための最大のポイントは、その計画全体を見渡す力です。まだ全体を見渡す力が不足しているために、予測できない事態が多すぎてスタックしてしまうのです。

その一方で、十分な経験がないのに、先を見通して的確な計画を立てられる人がいます。このタイプに共通しているのは、これから起きることや、意図せずに起こったことに対して、自分でフィードバックを重ねる力を身につけていることです。

ＰＤＣＡがうまく回らない原因について述べましたが、１％の成長は、ＰＤＣＡがうまくいくこととは必ずしも合致しないものです。したがって、ＰＤＣＡがうまくいかないからといって、投げ出してはもったいないのです。

これは、他の初心者にも大いに参考になります。逆に言えば、十分な経験やキャリアがなくとも、そこそこ的確な計画を立てることはできるし、その後うまくいかないことがあっても、1%の成長を手に入れることは可能だということになるからです。

高いビジネススキルとは経験値である

ここで、私が考える経験値とは何かを説明しておきましょう。

ゲームにおける経験値は、倒したモンスターの強さに比例していることが一般的です。そして、それは「倒す」という行為によって100%確定的に、しかも前もって決まった数字が得られるしくみになっています。


他方、私が考えるビジネスでの経験値はやや様相が違います。

まず、「倒す」という行為が何に相当するかは多様です。もちろん、何かを成し遂げて目に見える成果をあげればわかりやすいのですが、それだと最終局面でしか経験値が得ら

入門編
初級編
中級編
上級編
超上級編

れないことになってしまいます。実際はそうではありません。

わかりやすく単純化すれば、ビジネススキルとして自らのなかに定着できるものはすべて、経験値と呼べます。ということは、必ずしも成功と即座に直結していなくてもかまわないし、途中の段階でもいいし、結果として失敗した事象でもかまいません。ゲームでは、モンスターに敗れて「死んで」しまったり、モンスターから「逃げたり」した場合には経験値になりませんが、現実にはこうした場合でもやり方次第で経験値にすることが可能なのです。

これは、よく考えればわかることです。ゲームであろうと、「このモンスターにこの状態で戦うと負けてしまう」とか、「このモンスターからは逃げられる」、「逃げたほうが結果的に得だ」という知識がプレーヤーには蓄積されますから、本当はここにも経験値があるはずなのです。

一方で、現実世界がゲームの世界よりも難しいのが、自動的に蓄積されないことです。経験したことならどこからでも経験値にできるのに、「それを経験値にしよう」と意識して自らのなかに残し、ビジネススキルとして生かそうと考えなければ、右から左へと流れ、やがて記憶から消え去ってしまうでしょう。

こうした状況は、自分で「つまらない」とか、「くだらない」「やりたくない」「自分がすべきことではない」などと考えている時に起こりやすくなります。いくら目の前に経験値化できるものが転がっていても、それを拾い上げようとしないからです。

気の進まない仕事は、正直投げ出したくなります。その上、うまくいっていないのならばなおさらです。その状況で、「もっと仕事を楽しめよ」とか、「こんな仕事、なんて思わずに頑張れ！」などと言われても、何をどうポジティブに受け取ればいいのか、何か自分のために成長できる要素が拾えるのか、簡単には信じられません。

嫌な仕事だって、経験値が溜まると思えば楽しめる

ただ、どのように条件の悪い仕事であっても、基本的に経験値を溜めることは可能です。言い換えれば、経験値は仕事によって左右されるのではなく、経験値を得ようとするか否

かに依存しているのです。

したがって、仕事を思い切って経験値集めに変換することが、かえってやりたくもない仕事を楽しむためのツールになったりもするわけです。

私も、面白みの感じられない仕事をどう楽しむかは、かねがね悩んでいました。とくに建築プロジェクトというのは、オーダーメイドのために期間が非常に長く、3〜5年かかることもざらにあります。面白くない、面白くないと言っていたら、あっという間に年を取ってしまうのです。

私が最初に仕事を投げ出したくなったのは、設計事務所の入社後半年くらいの時でした。その頃は、行政に提出するための図面のコピーと、資料の綴じ込み作業ばかりをやらされていました。誰にでもできるような単純作業の繰り返しで、強い焦りを覚えると同時に、誰がやっても同じような仕事内容にモチベーションを保てるはずもなく、なげやりな気持ちに何度となく襲われました。

しかし、そんなある日、嫌な気持ちがふと形を変えました。このままいやいや仕事を続けていたら何にもならない、どんなことでもいいから、少しでも自分のためになること、自分の成長に結びつくことをしてみよう、と。

私は建築士を目指していましたから、コピーの過程で先輩たちが引いた設計図面が気になりました。なぜここはこうなっているのか――、本当にこれがベストなのか――、もし予算がもっとあるとしたらほかにどんなことができるだろうか――。そんな考えを巡らせながら資料を読み込み、当該プロジェクトとはとくに関係のない建築雑誌から、関連する図面をトレースしたりしていました。

別に誰かから指示されたわけでもありませんし、そんな作業を周囲から期待されていたわけでもありません。ただ、自分で自分のためにテーマを設定し、モチベーションをどうにか保っていたのです。

するとだんだん、なぜ図面というものがこのように成り立っているのか、ただコピーしているだけではわからない設計の意図というものが見えてくるようになりました。また、いくつかの図面を比較すると、基礎的な部分はかなり似通っていて、その先の作り込みで勝負していることにも気づきました。

そんなある日、私に声がかかりました。プロジェクトのなかのほんの小さな建物ではありましたが、エントランスホールの図面を描くチャンスがやってきたのです。

勇んで始めてみると、我ながら、入社1年目が描けるレベルをはるかに超えたスケッチを描けるようになっていました。当時の上司が私の密かな自主トレを見ていてくれたのかどうかはわかりませんが、たまたまやってきたチャンスに応えることができ、それからは私にもいくつかやり甲斐がある仕事を与えてくれるようになりました。

つまらないと思う仕事のなかにも、成長のヒントはたくさん転がっています。なぜなら、自らが選んでその職業、その職種に飛び込んだ以上、今している仕事は、基本的に自分がやりたいことに近いはずだからです。見習い建築士がいきなり大きな建物の設計を任され

ないのは、ゲームでいきなり強い敵を倒せないことに似ています。だからといって、まったく経験値を溜めずにつまらない仕事をつまらなそうにこなしているだけだと、一向に鍛えることはできませんし、第一、自分までつまらなくなってしまいます。そんな時こそ、長期的な得を目指して少しずつ経験値を拾い、溜めておくことが賢い方法なのです。

私は、それ以降どんな状況下でも何か少しでも得をしてやろうと、考え方を変えました。デザイン性が求められていないマンション建設のプロジェクトでも、「なるほど、クローゼットの奥行きの寸法は、実は掛ける服の幅なのか。つまり人の肩幅からきた意味のある数字なんだ」という気づきがあれば、十分1％以上の成長になります。電気設備や、水回りの配管はなぜこうなっているのか、などなど、その時関心の持てるテーマを勝手に抜き出して、勝手に楽しんでしまえばいいのです。

しかも、こうして自分から覚えようとした知識は身につき、簡単には忘れません。後々、思いもよらないところで役立つことが多かったのも事実です。

経験値を拾うために大きなテーマを設定するのも悪くはありませんが、より効率を求めるのなら、1年後、3年後などといった近い将来の自分を想像して、テーマを設定してみるといいでしょう。そこに必要となりそうな要素がいくつも思いつくはずです。その視点から、今こなしているつまらない仕事を見つめ直してみるだけで、経験値を得られる糸口が無数に転がっていることに気づけるはずです。

経験値は「結果」からではなく「プロセス」から得る

ゲームにおける経験値は、戦いに勝利したあとに付与されます。そのイメージを流用すれば、仕事から経験値を得ようとする場合も、その仕事が成功裏に終了しなければならないような気がしますが、実際は違います。

経験値は、結果からではなく、あくまでプロセスから得るものだからです。もちろん、結果がよいに越したことはありませんし、いずれはよい結果を導くために経験値を役立てていくわけですが、1日、1カ月などといったごく短期間では、成否に依存はしません。

私が新入社員の頃、先輩たちの下で、ある案件を担当していた時、クライアントへの説明資料の作成を求められたことがありました。私は打ち合わせに同席するわけではなく、ただ資料を作成するだけです。

当然、どういう資料をどのように作成すべきかは、担当者である先輩から指示されることになるのですが、困ったことに何度も何度も修正を求められるのです。

私自身は、そのたびに指示どおり、過不足なく仕上げている自信がありました。それなのに、なぜ何度も作り直さなければならないのか、新入社員なりにおかしいと感じ始めていました。

そんなある時、すぐ隣で打ち合わせをしていたほかの先輩と私の同期の、こんな会話が聞こえてきたのです。

「クライアントは、今はこのままでいいと言っていたけど、たぶんそのまま持っていったら、またやり直しって言われるに決まっているよ」

「……ということは、プランが気に入らないのではなくて、別の理由があるんじゃないで

入門編
初級編
中級編
上級編
超上級編

しょうか。デザイン性とか、コストが合わないとか。そんなところじゃないですかねえ……」

私のなかにピンとくるものがありました。

もしかしたら、私に指示している先輩が伝えている内容は、クライアントの「言葉どおり」でしかなく、実際は深い真意をつかみ切れていないのではないか――。

すでにたび重なる修正で怖さを身をもって知ったあとだけに、先輩とクライアントがどんなやり取りをしているのか、背景やニュアンスまでも聞いてみることにしました。

案の定、先輩の説明に対して、先方はあいまいな、取り方によっては肯定的とも感じられるような返事しかしていませんでした。そこで合意を取れたと考えた先輩が私に、クライアントの「言葉どおり」の指示を出し、具体的な資料を提出すると否定的なリアクションが返ってきてしまう……。そういったキャッチボールになっていることに気づいたのです。

私は厚かましいのを承知で、クライアントの担当者のキャラクターや言葉のクセなどを尋ねた上でクライアントのリアクションを想像し、不安にとらえられそうなことには先回りして説明を厚くする対策を施し、再度資料を作成しました。すると、ようやく納得をしてもらうことができました。先輩のほっとした表情が忘れられません。

例が長くなってしまいましたが、私が何度も修正を余儀なくされている状況で、そのこと自体に嫌気が差していたら、結果を出すこともできず、おそらく泥沼に陥っていたでしょう。しばらくして先輩は担当を替えられたかもしれません。

しかし、「どんなやり取りが行われているのか」というプロセスに注目したことだけで、私は新しい学びを得られましたし、先輩もまた説明の新たな方法を会得《えとく》できて、クライアントの担当者も助かったのです。

「結果」は、その流れの帰結としてついてきただけであって、経験値はむしろ、プロセスの分析から発生しています。万が一最終的な結果が失敗に終わったとしても、私のなかには経験値が残ります。

結果を求めることは大切ですが、焦って結果を求めることが経験値の上昇につながるわけではないのです。

入門編
初級編
中級編
上級編
超上級編

相手の立場になってみると経験値は何倍も獲得できる

ところで、先ほどのケースでもう一つ大切なポイントを知ることができます。同じ事象でも、相手側の立場になってみることによって、経験値は重ねて獲得することができるという事実です。

これは、考えてみればとても「お得」で賢く成長できる方法です。同一のケースからより多くの経験値を獲得できるのですから。

先輩から言いつけられた仕事がうまく進まない、という先ほどの事象には、「私」という主体以外に、少なくとも「先輩」と「クライアントの担当者」が存在しています。スムーズに進めてよい成果を成し遂げるために相手の立場になって考えてみよ、というのはよくいわれることですし、正しい考え方でもあると思います。

ここで経験値獲得という観点から同じ事象を眺めてみると、自分以外の主体になって同じ出来事を考えてみることで、これまでに思いもしなかったような発見があったり、自分の考え方や経験ではなかなか想像できない知識や経験を体験できたりします。

先輩を通して、相手のどっちつかずの意思表示を自己に都合よく解釈してしまうことの危険性を学びました。もっと俯瞰すれば、自分が長年持っているクセは、他人から指摘されないとなかなか気づけないということでもあります。先輩の場合はたまたまこのケースでしたが、自分の場合にはまったく別の何かを、自覚しないまま反復してミスし続けているかもしれません。

クライアントの担当者の立ち位置になってみると、専門外の慣れない仕事、この場合は建築プロジェクトを前に、わかったようでわからないような返事をしてしまう人が存在すること、それがある程度具体的な形になってきた段階で初めて拒否反応を示したくなること、また、できれば本当は最初から理解したいと思いながらも、相手のペースで進められてしまうと声を挟みにくくなること、などといった経験値が収集できます。

私自身はおそらくこういった仕事のやり方はしませんが、だからこそ貴重な経験値になるわけです。

相手の立場に立ってみるだけで、これまでは思い至らなかったことまで想像できるようになり、質的にバリエーション豊富な経験値を拾えるのです。それが、本書の後半で述べる意見の集約や提案のやり方などに生かされていくのです。

いつの間にか現在の会社も規模が大きくなり、私が関わるプロジェクトの数も規模も大きくなった今では、残念ながらプロジェクトの打ち合わせに直接出向くことが難しい状況となっています。しかし、担当役員としてすべてのプロジェクトがうまく進むよう、社内のメンバーの言動を通じて状況を察し、的確な指示

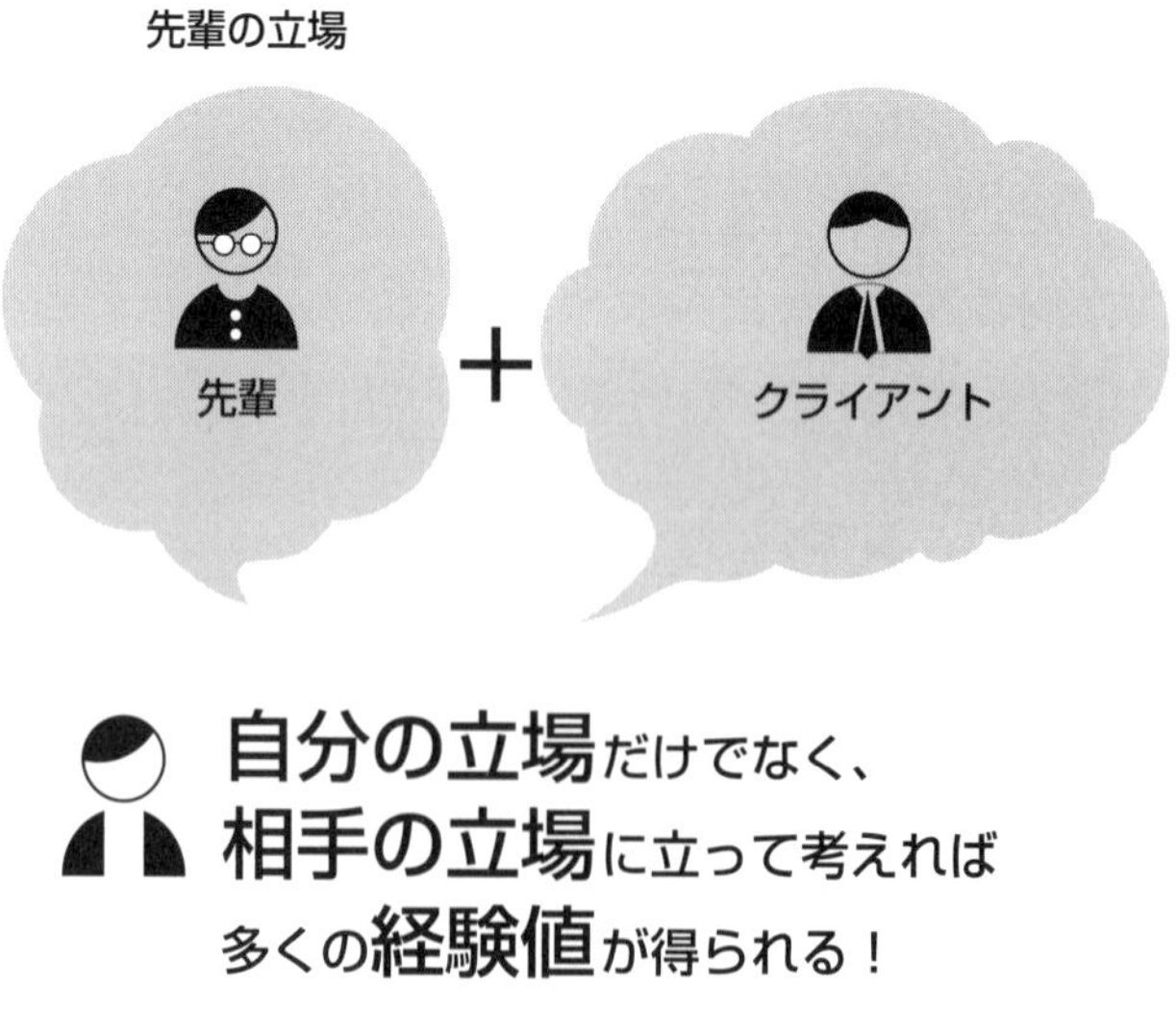
先輩の立場
先輩
+
クライアント
自分の立場だけでなく、
相手の立場に立って考えれば
多くの経験値が得られる！

を出すことが求められる立場に変わりました。今の私にとって、例にあげたような当時、想像によって獲得した経験値の積み重ねが、同時並行で数多くのプロジェクトを動かすための助けに、どれだけなっているかわかりません。

スタッフからクライアント側の担当者のキャラクター、打ち合わせの空気感、スケジュールなどの情報を入れてもらうだけで、経験値の積み重ねからそろそろ起きそうなトラブルやつぶしておくべきリスクが頭に浮かんできます。

当然、報告するスタッフの様子も判断材料になります。「それはどういう雰囲気で発言されたのか？」「もしかしてこういう意味で言われたんじゃないか？」などと、その真意を確認し、これから起こりうる危なそうな事態について、先回りしてアドバイスをします。これもすべて、経験値を積み重ねてきたおかげで複合的に網羅されたからなのです。

このやり方には、見逃せないメリットがあります。それは、同じ仕事、同じ出来事から得られる経験値を、ちょっとした工夫だけで何倍にも増やせることです。1％を1・5％や2％にもできるのです。

相手の立場になって考えよ、というのは、相手のためだけではなく、自分自身にも大きなメリットがあるお得で賢い方法なのだと思います。

第1章のまとめ

毎日1%成長に、特別な努力はいらない。今の経験の考え方を変え、経験値として確実に吸収すればよい。

1日1%成長するために、自分を大切にする。

1日1%成長するために、プライドは自分を高めるために使う。

結果ではなく「プロセス」から経験値を獲得する。

相手の立場に立ってみるというちょっとした工夫だけで、賢くより多くの経験値を得ることができる。

第2章

初級編

成長するために
PDCAで
経験値を積み上げる

ＰＤＣＡはなぜ止まってしまうのか？

ＰＤＣＡがうまく回らない背景には、いろいろな理由があると思います。あらかじめ述べておきたいのは、いくつものプロジェクトを回し、このような本を書いている私も、あらゆるケースで絶対にＰＤＣＡを止めない自信などありませんし、実際に日々問題は起きています。

とくに、私の仕事であるコンサルティングやプロジェクトの全体をマネジメントする業務は、自分たちだけで仕事が完結するわけではありません。私の仕事の場合、クライアントから依頼を受けて、設計者やゼネコン、協力会社との間に立ち、提案や調整をしながらよりよい形でプロジェクトを完成に導くことが責務ですから、自分の都合ではどうにもならない事象にも向き合わなければなりません。たとえば、クライアント側の事情が変わり、あるいは社会的、経済的な条件が変化してしまえば、それまでの想定を変更し、軌道修正せざるを得なくなります。

正直な実感として、現実のビジネスを、教科書的なPDCAのマニュアルで乗り切るには限界があると思います。一方で、PDCA自体を放棄することもお勧めはしません。止まったPDCAを再び動かすことで、経験値は着実に積み上がっていきます。そして、円滑に進めるためには、特別な努力などではなく、やはり考え方や、やり方の工夫こそが賢く成長していくコツだと感じています。

想定外の状況ではたちまちスタックしてしまう教科書どおりのPDCAを、いかに再び動かし始めるか。そのためには、PDCAそのもののあり方を考える必要があるでしょう。なぜPDCAなのか、そのPは適切なのかを、いつでも反問して、検証できるようにしておくといいでしょう。

この章では、PDCAの中心にいる、そして問題に直面しているあなたが、PDCAを再び動かし、着実に1%の経験値をつかむ実践的なヒントを紹介していきます。

目的と手段を間違うとすぐに止まってしまうPDCA

初めに、気をつけておきたいことをお伝えします。PDCAはあくまでも手段であって、仕事をうまく進め、自分が成長するための道具です。ただ、PDCAがいつの間にか独り歩きを始め、妙な存在感を持ち始めてしまうと、たちまち本質的な大切さを見失うための「凶器」にもなりかねません。

現在の私は、会社が抱えているたくさんのプロジェクトに同時並行的に関わっています。そんなことが可能なのは、何よりも周りに優秀な方々がたくさんいるおかげです。非常にありがたいことです。

ところが、優秀と思っている人が、わなに陥っているケースを時々目にします。適切なPを設定し、続くDCAもしっかり段階を踏んで進めているように見えるのですが、いつの間にか「PDCAを進めること」自体が目的になってしまい、そのPDCAを何のために動かしているのか、なぜそのＰＤＣＡを着実に遂行しなければならないのかという、本来の目的とすり替わってしまうのです。

前の項で述べたように、ひと口に「本来の目的」といっても、それは時間の移り変わり、外部要因の変動、そして考え方の変化などによって変わっていきます。実は、その時こそがピンチなのです。ＰＤＣＡ自体が目的化してしまうと、サイクルが固着して変化に対応できなくなり、結果として、皮肉にもＰＤＣＡ自身がＰＤＣＡを止めてしまうのです。

建築のプロジェクトを例とすれば、期間が長いだけに、クライアントの考え方も変わりますし、資材や人件費などのコストも影響を受けることが少なくありません。もとはあまり考えていなかった計画をあとから足したり、クライアント側の理解が進むにつれて全体のバランスを見直したりすることはよくあります。また、どうしても人件費や資材価格などの変動によるコスト増を吸収できず、規模を縮小したり、一部分を断念せざるを得なかったりすることもあります。

これは、いったん決めたＰＤＣＡを止め、新たにＰを組み直すべきことを意味しています。しかし、もとのＰＤＣＡと新たなＰＤＣＡの間に断絶があるわけではありません。なぜなら、クライアントが「こうしたい」という考え、そもそも今回のプロジェクトを発注した根本的な目的は変わっていないからです。

ここで、もとのままのＰＤＣＡに固執し始めると、たちまち動きがギクシャクし始めます。せっかく丁寧に作り上げたＰなのですから、そのまま実行したくなるのは人情というものです。実際に、真面目に取り組めば取り組むほど、そのＰＤＣＡの発端となるＰをなぜ考えたのか、当初の目的を振り返る余裕などなくなってしまうのが現実です。

わかりやすい例でいえば、どこの会社でも存在するであろう「定例の会議」が典型です。どんな会議にも、もともとしっかり開催する

目的があったはずなのに、定例化してくるにつれて目的がぼやけ、「月曜朝に会議があって、みんな出席しているから自分も出なければならない」という状況になってしまう傾向があるのではないでしょうか。当初は、週の初めに全員の意思を統一する、などの明確な目的があったはずなのです。

失敗の5パターンを押さえておけば経験値は高まる！

止まってしまったＰＤＣＡは、普通に考えれば「失敗」です。誰も好き好んで失敗するわけではありませんが、だからといって失敗から目を背け、そのまま放置してしまっては、そこから得られる経験値はゼロに近く、成長にはつながりません。

大切なのは、失敗を認めると同時に、その失敗がなぜ起きているのかの理由を知ることです。そして、その時知っておくと便利なのは、失敗にはいくつかの「型」、パターンが存在することです。

失敗しないに越したことはありませんが、失敗は避けられません。失敗すること自体が必ずしも自分の責任ではないからです。ならば、失敗をいかに経験値に変え、新しいPDCAに役立て、同時に将来の自分の実力として蓄えていくかが勝負どころということになります。つまり、「失敗」を「失敗」で終わらせないための取り組みと発想の転換こそが大切ということです。

野球が好きな方なら、プロ野球の名監督、野村克也氏の名言をよくご存じだと思います。

「勝ちに不思議の勝ちあり、負けに不思議の負けなし」

これこそ、失敗の「型」を知り、経験値に変えていくことの大切さを言外に伝えていると思います。当初設定したPDCAがたまたまうまくいくこともあります。うまくいったのだから、わざわざネガティブになる必要もないのですが、しかし、うまくいったことで、なぜうまくいったのかの理由は得てして検証されないままに終わります。たとえそれが偶然だったとしてもです。

反面、うまくいかなかったPDCAにも必ず理由があります。失敗は辛く、負担のかかることですが、経験値を稼ぐという意味では効率のいいプロセスだと開き直るくらいでちょうどいいと思います。どのみち、どんなに真剣に取り組んでいても、失敗は避けられないからです。

さて、ずいぶん偉そうなことを述べてしまいましたが、これには理由があります。立派なことを言っている私も、実は自分のPDCAが適切かどうかを自分自身で考えているよりも、もう一段上の立場になり、スタッフのPDCAが適切かどうかを第三者として検証する機会が増えてきたことによって、より冷静にパターン化ができたと思うからです。

私の見る限り、PDCAが止まってしまう失敗は、これまで述べたものも含め、おおむね次の5パターンの典型的な「型」に分けられます。

(1) ロケットスタート型

▼やるべきPがわかると、いきなりPDCAにして走り出してしまうタイプ。瞬発力に優れる反面、逸脱するとなかなか止まれない。

【対処法】はやる気持ちを抑え、少し立ち止まって考え、どの方向に進むのが正しいのかを確認してから再スタートする。スタート時に盛り上がった熱量と、実際に走り出してからの落差が激しい時にはまずこのパターンを疑う。

(2) 軌道固定型

▼スタート時点のPをかたくなに守りたいばかりに、状況の変化に対応できず最後までPDCAをやり切ろうとしてしまうタイプ。

【対処法】 一見粘り強そうに感じるが、変化が速く対応のスピードが求められる時代には、適応できないこともある。絶えずインプットされた情報と与えられた条件の変化を検証し、軌道を微修正することはもちろん、時には大胆なルール変更も決断する必要がある。

(3) 逸脱型

▼当初設定したPのベクトルは合っていたのに、DCAへと進むにつれて次第にポイントがずれ、見当外れな答えを導き出したり、間違わないまでもツボを外してしまったりするタイプ。

【具体例と対処法】「仕事ができる」と周囲から信頼されたり、信用されたりし始めた段階でよく起きるパターン。当人の意識としては「しっかりできている」と思っている場合が多いため、気づいた時、問題が表面化した時には大失敗にまでいきかねない。周囲に状況判断にすぐれる人を複数確保しておき、要所要所で意見を求めると早期に発見できる。

（4）イチ・ゼロ型（白黒型）

▼あらゆる物事に対して「イチ」か「ゼロ」かをはっきりと決めたいタイプ。

【具体例と対処法】偶然ハマれば完璧な力を発揮するが、現実的にはイチとゼロでいえば「0・5」前後、白と黒ではなくグレーゾーンに答えがあるケースが大半。両極端の結論にこだわるとスピードを失いやすく、どちらかに踏み切れる情報がなければそこでＰＤＣＡが止まってしまうパターン。一定程度の不十分、不完全を許容し、ベストではなくベターを選択する代わりに、ＰＤＣＡの動きを止めないことを考慮してみる。

（5）複合型

▼これら4つの複合するタイプ

【具体例と対処法】たとえば、ロケットスタート型で飛び出しても途中で軌道修正できるのであれば回復可能で被害は最小限。しかしロケットスタート型＋軌道固定型の複合だった

場合、状況回復はかなり困難になる。失敗の類型を重ねれば、より速く、よりダメージの大きい失敗を招きかねない。

こうした失敗の類型を頭に入れて目の前の仕事に取り組み、失敗による影響を最小限にしつつ、ＰＤＣＡを修正して経験値を稼いでいきます。

少し意地の悪い考え方かもしれませんが、自分自身に対していきなり検証するよりも、便宜的にいったん第三者の仕事ぶりをケーススタディーとして観察し、パターン化してみると、より速く身につくように感じます。「人のふり見て我がふり直せ」ではありませんが、他人の仕事には愛着や身びいきがない分、より冷静に客観的に認識できるので、ぜひ試してみてください。

また、この類型は自分自身や相手個人に対する判定だけでなく、プロジェクトやチームなど、ある集団をうまく運用する場合にも応用可能です。どのようなメンバーをどう組み合わせればチームが活性化できるかを見通せるようになるからです。

「準備力」を上げると経験値は増える

準備が大切、という教えは、おそらく誰もが子どもの頃から散々聞かされているありきたりなものです。確かに、仕事であろうと日常生活であろうと、何かを滞りなく進めるためには、準備が大切なことを否定する人は少数派でしょう。

ただ、経験値を効率よく得たいのならば、進んで準備をしたほうがよいでしょう。なぜなら、同じ出来事を経験しても、準備をしたほうが、得られる経験値が多いからです。

準備をどこまですればいいのかについては、さまざまな考え方があるでしょう。50%では明らかに準備不足で、ミスを犯したり、相手の期待を裏切ったりする可能性が高くなります。80%でも心もとないですが、偶然に20%にスポットライトが当たらず、うまくしのげる可能性はあるかもしれません。

過不足なく、100%準備してあればひとまずは安心で、怒られることもなく、失敗は避けられるかもしれません。でも今の私ならば、最低でも110%、120%くらいは準備して臨みます。この一見余計な部分を準備する行動を、私は「準備力」と呼んでいます。

100%ではなぜ物足りないのでしょうか。

私の仕事に限らず、今ではあらゆる仕事、つまりPDCAを回すあらゆる局面でコミュニケーションが求められます。とくに、PからDへ移行する段階などは、決定的に重要です。そこで、100%の準備で臨んだ場合、自らがPのなかに見通していた観点、問題点、課題などにしか対処できないことを意味しています。

自分が想定したなかで話が収まればよいのですが、相手という存在は、自分とは違います。話し合っている課題が、Dに移行した段階だけでなく、5年後どうなっているか、もっとよい方法はないか、実は見落としているポイントがあるのではないか、などといった懸念を持っている可能性があるのです。

無論、私たちはエスパーではありませんから、相手から事前に知らされていない内容をすべて予測することは不可能です。しかし、もしそれが、たまたま100%をオーバーした部分として想定され、準備されていたとしたらどうでしょうか。きっと、しっかり考えてくれていたのだと、よりこちら側を信頼してくれるようになるでしょう。ＰＤＣＡに対する信頼度も高まります。

当然、せっかく準備しても空振りに終わることはあります。心配性とか、取り越し苦労のように思えてしまうかもしれません。しかし、この「準備力」を発揮する作業が、実はとても経験値に影響するのです。

とにかく真剣に準備していますから、その場で空振りしたとしてもほかの機会に役立つこともあります。自分自身の引き出しも増えていきます。まして、予測が当たって準備を役立てるシーンが訪れればなおさらです。

同じ仕事をしているはずなのに、「準備力」を高めているだけで、経験値をより多く獲得し成長を加速することができるのです。

「一人プレス発表」でPDCAを回してみよう

自分が今、適切にPDCAを立案できているかどうか、事前にチェックしながら経験値を稼いでいく方法として私が密かに実践している、とっておき（？）の方法を二つご紹介したいと思います。

一つは、「一人プレス発表」です。

プレス発表とは、いわゆるあのプレス発表――新製品や新サービスをマスコミに説明し、記事を書いてもらうための場です。今取り組もうとしていることの発表役を自分が務めると想定し、誰かが聞いているという前提で、華々しく発表するイメージで説明するのです。

私であれば建築のコンサルタントとして、プロジェクトの概要、どんな建物がどこにいつ建つか、それがクライアントにどのような価値をもたらし、そしてクライアントのクライアントや、周辺地域、ひいては社会にどのようなよい影響をもたらすのか、我われがもたらす価値はどこにあるのか、どこを記事にしてほしいのか……、こんな具合でイメージしていきます。

あなたの場合も同様です。今からしようとしているPDCA、あるいは今進行中のPDCAが、まさにこれから一般に情報公開されると思って、これから、いつ、どこで、どんなことが進行し、どのような価値をもたらすのか、一人で説明をしてみてください。

コツは、そのプロジェクトが成功裏に終了した場合の想定から逆算してみることです。そして、第三者にも伝わるよう、余計な内容を削り、もたらした価値や、そのプロセスで行ったあなたならではの工夫を、短い言葉で説明するように心掛けることです。

うまくできれば、かなりの程度何に重点をおいてPDCAを回すべきか把握できているといえるでしょう。反対にどこかで詰まってしまう場合、マスコミから答えにくそうな質問が想定される場合は、そこに問題が隠れている可能性があります。幸いなことにまだ誰にも発表していませんから、早速修正を試みます。

そして、「一人プレス発表」には、自分が実際に社内外のプロジェクトチームのメンバー、クライアントの担当者などに説明する際にも大いに役立ちます。シンプルに全体を説明できるようになっていれば、意思疎通はスムーズになり、一体感を生み出しやすくなります。

「一人プレス発表」に慣れ、迷いが生じた時にいつでもどこでもできるくらいに習慣化してくれれば、求めるべき価値が何なのか、何のためにPDCAを回し、解決すべき課題が何なのかを見失うことはなくなります。

ところで、「一人プレス発表」が完璧にクリアできても、あとで条件が変わってしまうことは珍しくありません。ただ、ここで見出したシンプルな目標は、あまり変わらないことが多いのです。むしろ、その目標を達成するために、変化する現実にどう合わせていけばいいのかという観点から、PDCAを修正できるようになります。

「一人プレス発表」は、もちろん頭の中で行ってもいいのですが、私は、自分の仕事に注目

してくれている関係者や報道陣が目の前にいることを想像して、架空のプレス発表を実際にしてみることをお勧めます。

空いている会議室を押さえ、時間を計り、声を出して読み上げるのがベストです。少し気恥ずかしいかもしれませんが、なぜか声を出すと、その考えが正しいのか、間違っているのか、あるいは説得力があるのかまで、自分の耳を通して明確にわかるようになります。頭の中が再整理され、このプロジェクトの何が重要で、どこが死守すべき生命線かがよく見えてきます。

どんなにいいアイデアでも、いったん落ち着いて検証する

「ロケットスタート型」という失敗の型について述べましたが、そこからもう少し掘り下げてみましょう。

革新的な、あるいは現状を打開できそうな素晴らしいアイデアが思い浮かべば、誰でも

気持ちは軽やかになり、浮き足立ってしまうものです。仕事をしていて純粋な楽しみを感じられる、クセになるひと時でしょう。

私は、提案型の仕事に長年携わっています。素晴らしいアイデアをクライアントのために考え、提案することが仕事の本質です。ところが、実は自信満々でひらめいたアイデアをそのままクライアントに提示し、失敗した苦い経験がずいぶんあります。


理由は、そのアイデアをよく検証しなかったために、自らが一人の人間として持っている考え方の偏《かたよ》りを埋めることができなかったからです。

私の経験した最もひどいケースでは、少し前にひらめき、喜び勇んで説明しているその最中に、自分で「ひどいアイデアだ」と気づき、恥ずかしくなってしまったことがあります。思い返しても当時のクライアントにお詫びしたくなります。それもこれも、アイデアを思いついたあとの検証を怠っていたからです。勝手にグッドアイデアだと思い込み、その状況に自分で酔ってしまい、妥当かどうかの反問をしなかったのです。

この手の失敗は、仕事が滞って自分が困ってしまう結果を招きます。

アイデアがひらめくこと自体はまったく悪いことではありません。ただ、私はそれ以降、そのアイデアが果たして妥当なものであるかどうか、客観的に判断してから表に出すようにしています。

これも、前に述べたのと同様、他人のアイデアに対する判断であれば実は比較的簡単なのですが、自分の考えたアイデアを自分自身で客観的に検証するのは難しいものです。

客観的に検証するには、ちょっとしたコツが必要です。グッドアイデアには、次の三つのツールを投入してみてください。

(1) 時間

これは単純に、アイデアを思いついたと思ったら、いったん時間をおくということ。コツとしては、本当に忙しい状況なのであれば、2〜3分、トイレに行く程度の時間でもかまいません。たったこれだけのことで頭がいったんリフレッシュされ、客観的なモードになれます。

(2) 場所

時間を空けるのに加える形で、その場を離れて異なる場所で検証します。これも、時間がなければ自席を離れ、会社の近所のコンビニを往復したり、カフェでお茶を飲んできたりするくらいでもいいでしょう。許されるならば、電車に乗ってみたり、公園などオフィスとは離れた雰囲気の場に身を置いてみたりするのがベターです。

私が個人的にアイデアを検証する時に好んで使うのは、通勤途中の電車の中や風呂の中です。これらの場所には共通点があって、電車は目的地まで降りられず、むやみに場所を移動できませんし、風呂の中も広くはありませんからじっとしていることにあります。つまり、体は拘束されていても頭がリフレッシュできる状態になり、集中できるからです。

(3) ロールプレイ

ここではRPGとは少し違う意味として考えてください。

グッドアイデアが検証されていない状況では、他人に対して論理立てて説明することが実は難しいのです。よさそうだ、画期的だ、すごい発見だ、という気持ちが先行してしまい、その仮説がなぜそうなるのかをしっかり解説できないケースでは、ほぼ失敗に直結します。

そこで、頭の中に、このアイデアをまだ知らず、積極的に評価する状態にない第三者を設定し、なり切って質問を考えてみます。なぜそう思うのか？　うまくいかない場合の条件はあるのか？　ほかにもっとよい方法があるのではないか？　といった具合に、自分で自分にシンプルで根本的な質問を浴びせ、ロジカルに説明できるかどうかを検証します。

これら三つのツールを通してみると、思いついた瞬間は素晴らしいアイデア、画期的な着想と思えても、実は前提がおかしかったり、誤認や誤解、都合のいい条件の解釈があったり、大きな欠点の見落としが見つかったりします。

自分でせっかく考えたアイデアを自分でけなすようで、少しもどかしいと感じるかもしれませんが、思いつきと検証を反復すると、その思いつきが最終的に残ったかどうかにかかわらず、経験値としては必ず蓄積されていきます。何よりも、クライアントや上司の前で大恥をかかずにすむのです。そして、間違ったＰの設定を避け、あらかじめ崩壊するに決まっているようなＰＤＣＡに足を踏み入れずにすむようになります。

入門編
初級編
中級編
上級編
超上級編

3 人の「他人」の力で自分の経験値を増やす、賢い方法

客観的に自らの考えを検証したり、不足する経験値を増やすのに、ロールプレイよりも簡単な方法があります。それは、他人の力を活用するという、まさしく賢い方法です。

自分自身のことよりも他人のことのほうがよく分析できるのは誰でも同じです。もし信頼できる人がいるのであれば、他人に説明して評価を下してもらうプロセスがあると、リスクも管理できますし、自分だけでは得にくい経験値を増やしてもらうこともできて一挙両得です。

そもそも、他人というのは自分とは異なる経験や知識、感覚を持っている存在です。私たちがいかに一生懸命調べ、頭を働かせ、資料や文献に当たったとしても、現時点で「知らないこと」にアクセスをすることは容易ではありません。

他人の力を活用するというプロセスは、いってみれば自分にはできないであろう、自分には不足しているであろう知見を、極めて短時間で検索し、リストアップしてもらえる行

為でもあるのです。経験値も非常に効率よく獲得できます。

私が勧めたいのは、3人の意見を連続して聞くということです。

その3人は、身近にいる詳しそうな人でもかまいませんし、会社の中でも外でも、すぐれた知見を持った先輩がいるはずです。では、効率よく経験値を増やしてもらうためには、知見をどのように引き出せばいいのでしょうか。

最初の先輩から話を聞くときには、なるべく全体感を把握するよう努めます。技術を知りたいのであれば、そのメリットやデメリット、生み出された経緯や将来の展望、類似の技術とその比較、コストの問題など、幅広い情報を入手します。

しかし、その人もまた一人の人間です。自分よりもキャリアがある分、詳しいかもしれませんが、自分も、その人も知らない知見が存在するでしょうし、現在の立場や仕事内容、関心事などによっても偏りが生じることは否めません。そこで、そのまま鵜呑《うの》みにはせず、まず一つの意見として受け止めながら、2人目に意見を聞いていくことにします。

その際、1人目よりももっと掘り下げた聞き方をするとより効果的です。1人目から得た幅広い情報をそのまま質問に変換することで、深掘りが容易にできるようになります。その質問自体、当初の自分ならできなかった可能性が高い内容ですから、これによって1人目と2人目の考え方、見解の違いも高いレベルで見えてきます。そして、検証はより細かくなりますし、経験値はどんどん積み重なります。

複眼的な視点を獲得した上で、最後の3人目に仕上げとして質問をしていきます。2人の見解、それに対する自分の疑問、ここまでの検証で見落としているもの……この段階まででくると、質問もかなり専門性が高くなってきています。そしてそれ自体、自分の理解が深まっていることを意味しています。概念的だった段階から、実践的、専門的な使える知見へと頭の中がアップデートされ、それによって自分のアイデアが検証できるのです。

私は25年間、こうした方法を繰り返してきました。常に3人の意見を聞いてきたおかげで、ずいぶん立体的な思考ができるようになりました。そして、自分の専門ではない分野に直面しても、効率よく基礎から情報を収集でき、自分の物にできるようになれたと感じています。

面倒に思えるかもしれませんが、1人でも2人でもなく、3人に聞くことが大切です。それが効率的に必要な知識を身につけ、加速度的に賢く成長できるコツなのです。

３人の意見を聞いて
経験値を賢くアップ！

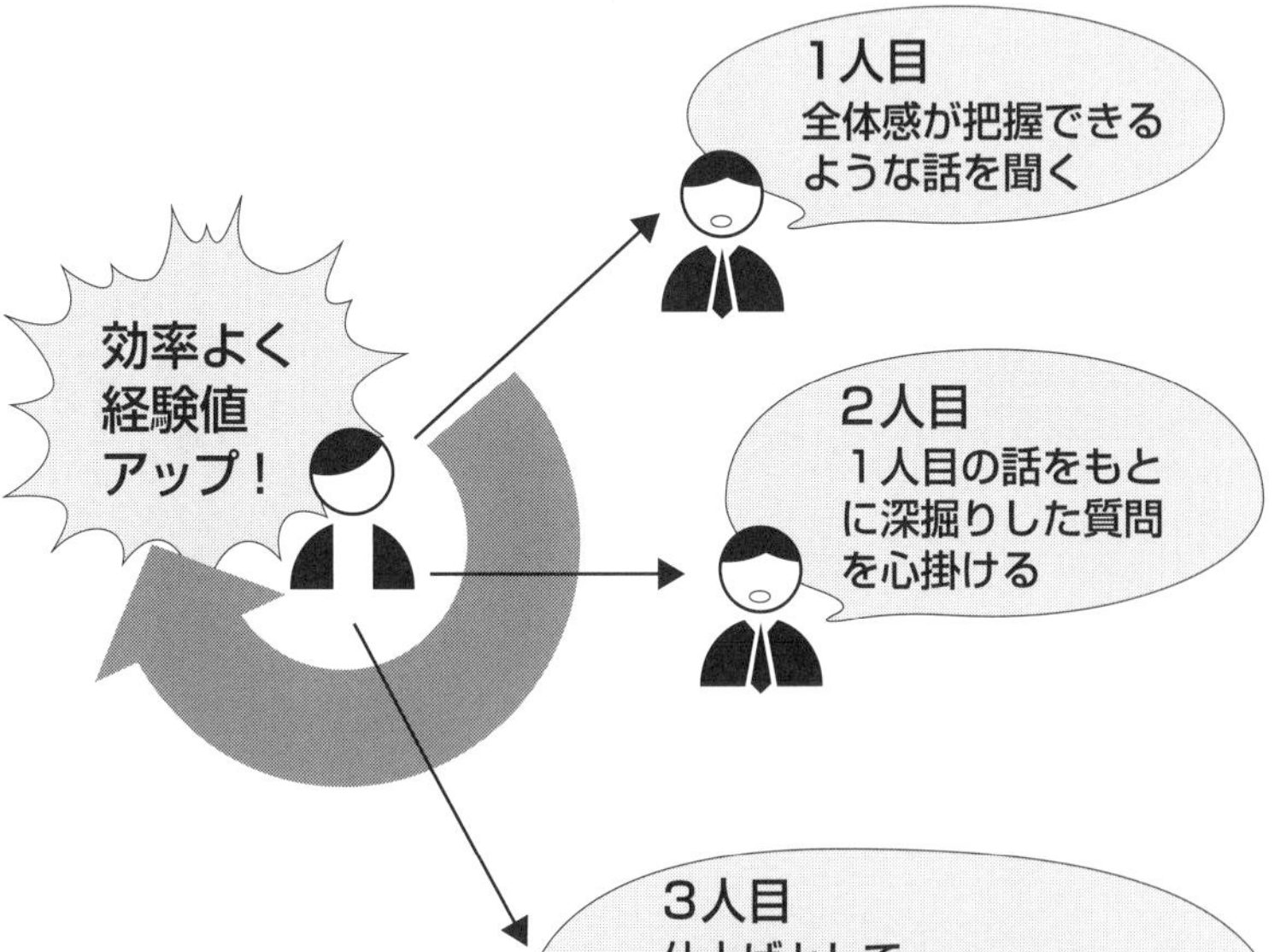

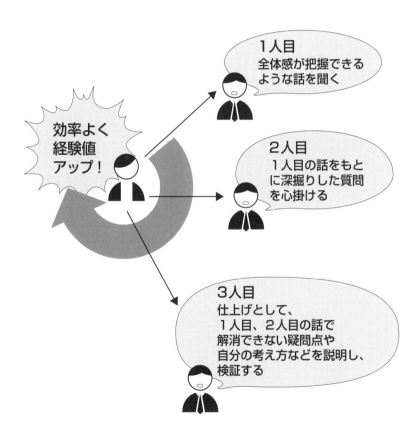

PDCAを妨害するルールは、むしろ味方につけてしまう

PDCAがうまくいかない理由の一つには、「ルール」の存在があると思います。さまざまなルールが、せっかくのPDCAを妨害してくるのです。

考えてみれば、世の中には実にたくさんのルールがあります。とてもよくできたルールだと感心するものもあれば、どうしてそんなルールになったのか首をかしげたくなる、いわゆる悪いルールともいうべきものも存在します。

仕事のさなかに悪いルールに直面すると、簡単だったはずの仕事も、たちまち大変な仕事に化けてしまいます。大混乱を招き、仕事自体を止めてしまうことさえあります。反面、悪いルールを味方につけることで、経験値を高め、成長の突破口にすることもできます。

今の私の仕事は、ある意味ではこのような悪いルールを見つけては改善し、すべてのプロジェクトで全員が力を発揮できる環境づくりをする仕事ともいえます。

そこで、私が、悪いルールをどのように区別し、よいルールに変換していくのかを述べ

ていきたいと思います。

まず、これといって疑問を感じることなく、そのルールに従うことで物事がスムーズに動いたり、仕事の効率がよくなったりするようなルールは、よいルールだと思います。「よい」と感じているルールは、自然に自分の中に入ってきているため、改めて意識することはありません。

典型的なのは交通ルールです。「なぜ赤信号では止まらなくてはいけないか?」などといちいち考えることなく、車も人も止まります。なぜなら、そのルールがあるおかげで、特段の注意を払わなくても、ルールにさえ従っていれば、一定の安全性が保たれることをすべての人が知っているからです。もちろん、むやみに変えてはいけないルールですし、全員がきちんと守るべきものと考えます。目指すべきルールづくりは、このようなものだともいえます。

一方で、悪いルールとは、そもそもの目的に合致していないために、仕事の効率を極端に悪くしてしまうものです。

ところが、不思議なもので、そうしたルールに直面しても、その上それが悪いルールだとわかっていてもなお、多くの人がそれを変えようとしません。ルールである以上、無条件で受け入れるというある種のパワフルさが、いったんルール化すると備わってしまうのです。

ＰＤＣＡがなぜか止まってしまったり、思ったように仕事が進まないなら、まず、そこに悪いルールがあることを疑ってみてください。そして、それら悪いルールを変えていくコツは、次の二点に集約できると思います。

まずは、そのルールをもともとの目的に照らして考えること。もう一つは、極力シンプルに、うっかりミスが出ることも考慮に入れて新たなルールに変換していくことです。

例をあげましょう。社内で決裁を集める際、書類に押印していくルールがあったとします。しかし、今はオフィス以外での勤務が認められたり、業務の効率化によって週の大半の日が外回りをしたままで終えられたりするような働き方も可能になっています。そうしたなかで、あくまでも社内承認は紙の書類を持ち回りしてハンコをもらうルールが残っていたら、どうでしょうか。ハンコを押すためだけに、ハンコをもらうためだけにわざわざ出社しなければならないとなると、せっかくの効率的な働き方が力を失ってしまいます。だからといって、決裁なしに、仕事を好きに動かしていいはずもありません。

ここで着目すべきは、もともと紙の書類に押印していくに当たって何を目的としていたかです。おそらく、大切な意思決定においては、書類を通じて互いに顔を合わせて行うことでエラーを防ぐ、という意図があったのではないでしょうか。

しかし、技術は確実に進んでいます。その目的を達成するには、押印を代替してあまりあるやり方が、今ならたくさんあるのです。本来はよいルールだったものが、時代の変化に合わせなければ、いつの間にか足を引っ張る形になってしまうこともあるのです。

こうして、ルールはＰＤＣＡを回すための決まりであることが認識されれば、そのルールが持つ本質的な価値がわかるようになります。悪いルールも、「けがの功名」ではありませんが、経験値を高める素材になるのです。

ところで、こうした目的に適わない悪いルールは基本的に改善すべきですが、改善の効果が兆候として現れるまでにはいくらか時間を要します。仮に、現在のＰＤＣＡで非効率が起こっていたとしても、残されている時間を考慮した場合、改善は今後の課題として残しつつ、現在はそのまま走り続けたほうがいい場合もあります。

言い換えれば、ルールの改善、悪いルールの排斥が短期的にはＰＤＣＡを止めてしまうことにつながり得るということです。

経験値を得にくい仕事は徹底的にルーティン化する

仕事にまつわるどんな事象からも、すべて経験値を得ていくのが基本ですが、残念ながらそうできないケースもあります。これは主観的に考えると、どうしても好きになれない面倒な仕事があって、しかし避けては通れない、という切り口でとらえればわかりやすいでしょう。

そういう仕事はとても苦痛に感じます。実のところ私も、好きになれない仕事があると、ちょくちょくやらない言い訳を自分ででっち上げて、後回しにしてしまいます。

ただ困ったことに、面白くない仕事をしなければ全体が止まってしまうことがあるのです。こうした状況をどう動かし、打開するか。同時につまらない仕事と向き合う苦痛を緩和する方法はないものか、私のなかでもかねがね大きなテーマでした。

ヒントは意外なところにありました。それは、「苦痛なものほどルーティン化する」という発想の転換です。

スポーツビジネスに関わる打ち合わせの席でのことでした。ふとしたことがきっかけで、メジャーリーグのイチロー選手に話が及びました。スポーツをよく知るその方いわく、イチロー選手のすごさとは、パフォーマンス以上に、心構えであったり準備の仕方にあるというのです。

イチロー選手は、練習を始める前に長時間ストレッチをしているそうです。体調のいい時も悪い時も、疲れている時も気分がすぐれない時も、変わりません。私たちであれば、何十年にもわたって、毎日長時間同じストレッチを繰り返すのは、ずいぶん地味で苦痛をともなう行為のように思います。しかし、体の柔軟性と瞬発力を維持し、けがに強い体にするために、トッププレーヤーであり続けるためにやり続けているのです。ストレッチ自体はつまらなかったとしてもです。

イチロー選手は、きっとつまらない（ように見える）ストレッチを「ルーティン化」したことで、今日はやりたくないなどといった「誘惑」から逃れる仕組みを確立し、実践できたのでしょう。

私たちにとっての日々繰り返さねばならないストレッチは、たとえば誰も見ないような報告書の作成、交通費の精算などといったことでしょう。それによって1%成長することも、心がときめくこともありません。

こうした面白くない仕事をルーティン化するため、私は最も自分の生産性の下がる昼休みのあと、そして会社を出る前の10分間など、頭が疲れている時間だけでやると決めています。自分のなかでルーティンと決めたことで、やりたくない、面倒だという考えからは完全に切り離すことができました。

どうしても退屈で逃れたいと思うような仕事は、あなたなりにルーティン化を考えてみてください。きっと、最小のリソースで片付けることができるはずです。

「見える化」でＰＤＣＡを動かし続ける

さて、この章の後半では、ＰＤＣＡがどんな状態にあるのかを「見える化」するためのテクニックを考えていきたいと思います。

ＰＤＣＡを考えるに当たって、見える化は非常に重要です。うまくいくＰＤＣＡは当初の段階からよく見える化できていますし、また何か問題がある場合も、見える化されていれば早期に発見、対処することが可能です。当然、得られる経験値も多くなります。

逆に、何か問題が起こってＰＤＣＡが止まってしまっているのに、見える化できていない状況は最悪です。暗闇で起きているトラブルに、地図も懐中電灯もなしに対処するのは考えるだけでも非効率的で、大変なわりに経験値には結びつきません。

そして、プロジェクトに関わる人数が増えれば増えるほど、期間が長くなればなるほど、関係者に口頭で伝えることは難しくなっていきます。

行ったこともない旅行先の景色の素晴らしさをいくら丁寧に説明してもなかなかイメージが伝わりにくく、写真や動画を見せれば途端に状況が変わるのと同様で、仕事においても、自らの頭の中を正しく伝えることはとても難しいのです。しかし、上手に伝えることができなければ、ＰＤＣＡはたちまち動かなくなってしまいますし、回復も難しくなります。

これから、いくつか例を交えながら見える化の具体的な方法を紹介していきますが、決して、デザイン的に優れた資料を作成するということではありません。本当に伝えたい内容を正しく、かつ伝わりやすい言葉と見せ方で記載したもの、これがビジネスにおける見える化した資料です。

上手に見える化された資料は、関係者全員に、「自分が今どの位置にいて、何をいつまでにしなければならないか」など、本当に伝えたい内容をストレートに植え付けることができます。だからこそ、よりわかりやすい文章や形に落とし込むことが大切になるのです。この時に使う力を私は「創造力」と呼んでいます。同じ書類でも、どうしたらよりわかりやすく伝わりやすくなるか、改めて考えてみるとよいでしょう。

細かくなりすぎて、どうしても一目ではなかなか認識できないものになってしまう場合、私なら最も伝えたいことはより大きな文字で、行間も空けて、一番目立つ場所に記載します。さらに、相手の適切な判断を助けるために、より視覚的、直感的に主旨がわかるよう頭をひねります。無関心から見落としが生じ、あとで仕事を止められたりしないように細心の注意を払います。こうして見える化を図ることができれば、不安や、そこから発生するクレーム、ミスなどを減らすことができるようになります。

 そして、見える化のテクニックを、TODOリストに応用すれば、自分だけでなく関係者の作業時間も見通せます。身につけた能力をどんどん他のノウハウと連携させることで、賢く成長のスピードを加速します。1%の成長から得られる経験値がどんどん増えていくコツは、まさにこういうところにあるのだと思います。つまり、見える化は、超合理的に、楽して成長するためのコツでもあるのです。

 これから紹介する方法は、あくまで私の経験に基づいた例であって、書き方に正解はありません。正解がないからこそ自らの頭で考えて工夫する。これによって、クライアントや同僚、関係者全員との良好な関係が生まれます。

PDCAの「見える化」──TODOリストで「時間」を操る

 私がPDCAを動かすために実践している見える化は、「TODOリスト」、ついで「スケジュール」表を作成・運用する二段構えになっています。まずはTODOリストの意義と作り方、活用法から述べていきたいと思います。

ＴＯＤＯリストは、文字どおりすべきタスクをリスト化したものです。作成し活用するだけでも見通す力は高まりますが、ただ整理整頓をするだけでなく、自らをより成長させられるように、私は使い方を少し変えています。ポイントは、「仕事」（ＴＯＤＯ）と「時間」を密接につなげることです。

最近では、ＴＯＤＯリストのクラウドのアプリがたくさんありますが、私は古い人間（？）なのか、現在でも手書き派です。とくに、関連する情報が自由に書き込め、好きなところに移動できるのが好きで、大きめのふせんを好んで使っています。書いて、貼って、動かして、という具合に実際に手を使うことで頭の整理もでき、一石二鳥だと思うからです。

この形に落ち着くまでは、私もごく一般的なＴＯＤＯリスト（図1）を作成していました。つまり、思いついた順に処理すべき内容を箇条書きスタイルで書いて、終わったものは「見え消し」（もとの文字がわかるように二重線などで消すこと）していくという使い方でした。

しかし、これには「時間」の概念が反映しにくく、せっかくリストアップしても、優先順位の高いものが埋没し、翌日に積み残しが発生してしまうなど、期待したような効果がありませんでした。

図1
一般的なTODOリスト

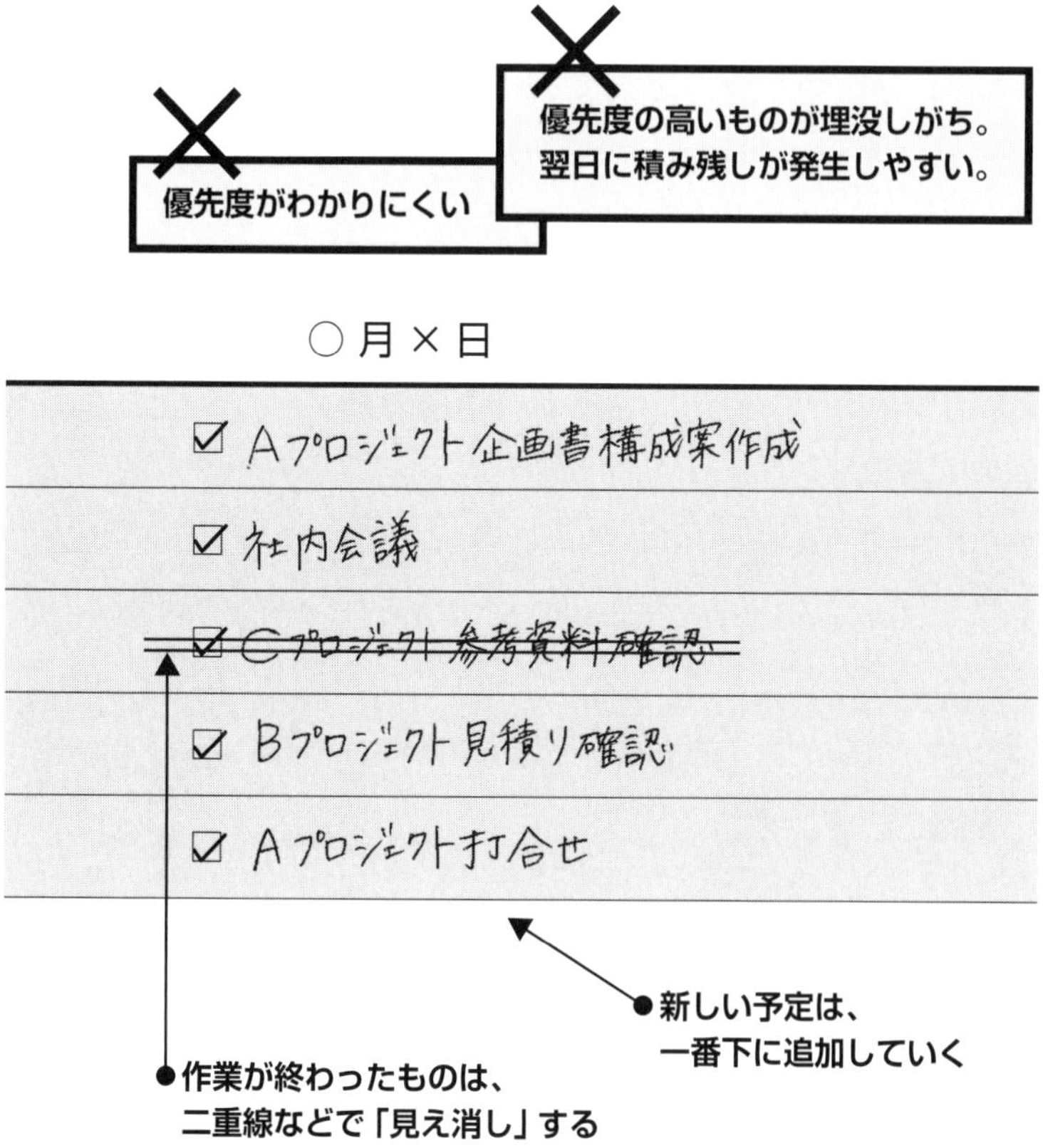

思いついた順に処理すべき内容を
箇条書きにする＝**PDCAが止まる**

そこで、自分なりに優先順位をつけ、その順にリスト化するようにしたのですが、結局、あとからあとからしなければならないことは発生しますし、割り込んできた内容のほうが緊急度が高いケースもあり、そのたびに清書し直すのは効率がよくありません。実際、忙しさのピークでは、ＴＯＤＯリストが「パンク」し、かえってパニックになってしまいました。リストアップしたことに対して、時間を関連づけられなかったからです。

そこで編み出したのが、「ＴＯＤＯ＋時間軸リスト」でした。

図2がその例です。左側では、やるべきタスクと優先順位が並んでいますが、ここにない緊急事態が起きた場合、どう調整をすればいいのか見えません。

そこで、右側のように、それぞれのタスクには、具体的なタイムスケジュールと想定の所要時間を書き入れるようにします。最初のうちは正確に把握できなくて当然ですが、それでも必ず書き込むようにしておけば、経験が積み重なるにつれてより適切な時間を配分できるようになります。

続いて、このスケジュールで一日を進行しているところに、まったく別の緊急事態が発生したとしましょう。何せ緊急事態ですから、一刻も早く対応しなければなりません。

図2
時間軸を加えたＴＯＤＯリストの例

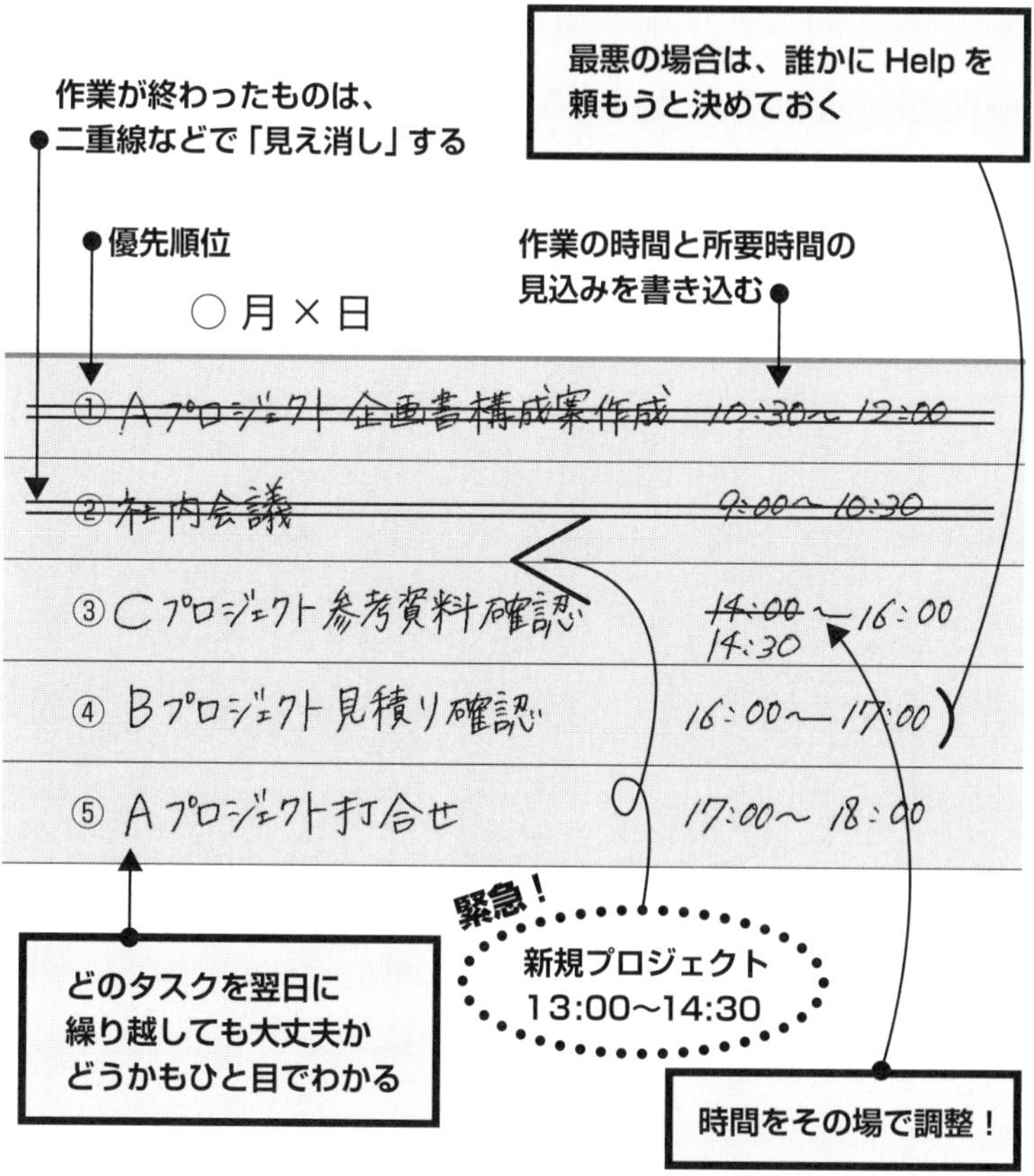

緊急事態が発生した時、どの作業を圧縮するか、
何をあと回しにすべきかが、判断しやすくなる
これが **「ToDo+時間軸リスト」**

しかしもとのリストにあるタスクもやはり、できる限りしなければならないことです。緊急対応をしつつ、同時にダメージもマネジメントしていかなければならないのですが、左側のリストでは、あらかじめスケジュールされていたタスクがどれだけの影響を受けるのかが把握しにくく、整理整頓に時間がかかるか、重要なものを放置しかねません。

右側のように整理されていると、緊急事態を処理してなお残った時間でどこまで既存のタスクを実行できるかもわかりやすいですし、最悪の場合、先送りも決断しやすくなります。

また、物理的に不可能なものの、絶対にしなければならないタスクが重なってしまった場合、外から緊急避難的に応援を頼んで、何をしてほしいのか、どのくらいの時間がかかるのかなどを迅速に伝えることもできます。

ＴＯＤＯリストに時間軸が加わったことで、それぞれの作業時間を正確に見積もることができるようになり、仕事の効率も上がりました。また、トラブルがあってもスムーズに、流れを止めずに仕事を進めることができるようになりました。

段取りＴＯＤＯリストで「人」の力を活用する

　ところで、ＴＯＤＯリストを考え始めると、新たな発見、あるいは「問題」があることに気がつきます。前の項でも少し触れましたが、仕事は「他者」の存在、介在なくして成立しないという、考えれば当たり前の事実です。

　自らが人とどう関わるのか、そして、少し高いところからの物言いを許していただけるのなら、人の力をどう活用するのか、その鍵もまた、ＴＯＤＯリストにあるのです。

　本来は先の章で述べるべき内容かもしれませんが、同じくＴＯＤＯリストを使ったアイデアですのでここにまとめておきたいと思います。

　仕事はいろいろな人との共同作業で成立しますが、一方で、思いどおりに仕事が進まない原因の大半もまた、他者の存在だといえます。会議に遅れてくる人がいれば、待っている人数×時間分のロスが生まれてしまいますし、同僚に依頼した資料が必要なタイミングで上がってこなければ、そのあおりを受けた自分が残業しなくてはいけません。

もし、ありとあらゆる仕事を、すべて自分の都合だけで終わらせることができたら、仕事のストレスは目に見えて減り、悩む人はもっと少なくなることでしょう。ただ、そのようなことは夢のまた夢と考えている人がほとんどなのではないでしょうか。

TODOリストでスケジュールを見通すために、私は「時間」を重ねましたが、ここにもう一つ「人」という要素をさらに重ね合わせると、他者の力を最大限生かし、サポートもしながらPDCAを回せるのではないか――。リストの運用を続けていたある日、そんなことを思いつきました。


実際、仕事が高度になればなるほど、他者の手を借りないわけにはいきません。すでに述べた「3人の『他人』の力」（82ページ参照）を借りるという行為も、広い意味ではそのなかに入ります。

資料を作るに当たっては、リサーチをスタッフに依頼し、スタッフとともにたたき台を作り、プロジェクトの責任者にチェックをしてもらう、という流れが考えられます。いずれも、自分にとっては欠かすことのできない他者です。

図3
他者軸を入れたＴＯＤＯリストの例

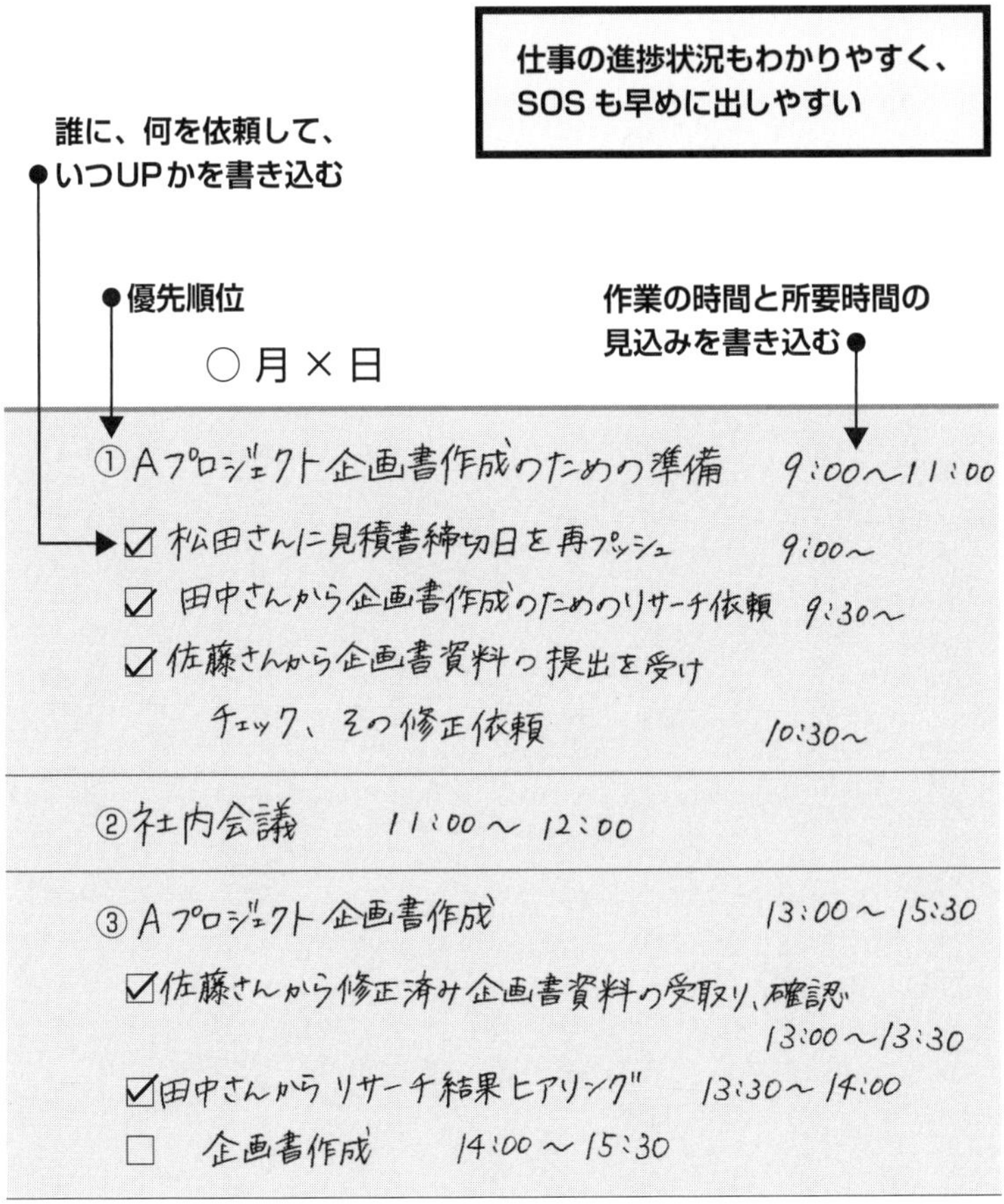
仕事の進捗状況もわかりやすく、
SOS も早めに出しやすい
誰に、何を依頼して、
いつUPかを書き込む
優先順位
作業の時間と所要時間の
見込みを書き込む
○月×日
① Aプロジェクト企画書作成のための準備 9:00～11:00
☑ 松田さんに見積書締切日を再プッシュ 9:00～
☑ 田中さんから企画書作成のためのリサーチ依頼 9:30～
☑ 佐藤さんから企画書資料の提出を受け
チェック、その修正依頼 10:30～
② 社内会議 11:00～12:00
③ Aプロジェクト企画書作成 13:00～15:30
☑ 佐藤さんから修正済み企画書資料の受取り、確認
13:00～13:30
☑ 田中さんからリサーチ結果ヒアリング 13:30～14:00
□ 企画書作成 14:00～15:30

タスク内容と、時間、他者の動きがわかる
これが **「段取りToDoリスト」**

だからこそ、有効に機能するＴＯＤＯリストには、「人」の動きを加える必要があります。タスクには、優先順位に加え、どんな人がどんな作業をしているか、それには時間がどのくらいかかりそうか（どのくらい与えられそうか）を含むと同時に、それぞれのタスクにおいて自分が他者とどう相互にやり取りを行うのか、そのタイミングはいつか、までを書き込んでいきます。私はこれを「段取りＴＯＤＯリスト」と呼んでいます。

面倒くさいと思われるかもしれませんが、例に示したとおり、それほど大げさなリストを作る必要はありません。タスクと時間、さらに他者の動きが含まれていればよいのです。

たったこれだけで、仕事は順調に進むようになります。なぜなら、段取りＴＯＤＯリストが、自分自身にも、周りの人にも、「見える化」の効果を発揮するからです。そして、このリストを作成してすべき仕事を見通した時に、もし「終わらない」と思うのであれば、プロジェクトの責任者に早めにＳＯＳを出すべきです。

仕事の進み方をよく理解して相談してくれるスタッフに、私なら説得力を感じますし、とても頼もしいと思います。感覚を優先し、やみくもに始めて、成り行きで失敗してしまう人より、ずっと安心して仕事を任せられるからです。

ＰＤＣＡの「見える化」——スケジュールがあれば動きは止まらない

続いて、ＰＤＣＡを動かすために実践している見える化の後半、「スケジュール」表の作成・運用を考えてみましょう。

スケジュールは、自分自身だけでなく、チームメンバーやクライアントなどとのコミュニケーションに欠かせない重要なアイテムです。

バレーボールならば、絶妙なトスが上がることで初めて鋭いスパイクを打つことができるのと同じです。スケジュールがあって見える化がしっかりされているからこそ、どこで力を発揮するべきかがわかります。

これは、自分一人で、あるいは相手と二人だけで取り組むものであったとしても同じです。タイミングを逸すれば、それまでの準備や相手の努力、サポートを無駄にしてしまうからです。スケジュールがなければ、いつ何をすべきかが見えなくなり、ＰＤＣＡは混乱し、最悪は止まってしまうことになります。

先ほど示した「段取りTODOリスト」は、1日～数日間における、あくまで自分を中心としたタスクの管理なのに対して、スケジュールはプロジェクト単位の、一つのPDCAを貫く形での管理になります。したがって、内容が一部重複していたとしても、考え方は自ずと違ってくるわけです。

スケジュールを組み立てる時に考える基本的な要素は、5W「2」Hです。

「いつ・誰が・どこで・何を・なぜ・どのように」行うのか。ここまではよく知られている5W1Hですが、仕事の場合、ここにもう一つのH「いくらで（＝HOW MUCH）」を、重要なファクターとして加える必要があります。

こうして仕事の流れを、プロジェクトの始まりから終わりまですべての期間で見える化したものが、「マスタースケジュール」と呼ばれるものです。一つのプロジェクト、一つのPDCAを見通すための、全体感を関係者全員で共有するためのものです。

マスタースケジュールが存在し、全員が内容を把握していれば、各人のTODOリストのなかのあるタスクがなぜその時間で処理されなければならないのか、その締め切り感覚の重要性も共有されます。お互いに迷惑をかけられなくなるからです。こうして仕事の責任感が高まっていきますし、その結果としてPDCAは止まりにくくなります。そして、万が一進行に支障が生じても、回復の方法や所要時間を正確に計れるようになります。

「短期スケジュール」の併用で仕事を着実に回す

プロジェクト全体をマスタースケジュールで見える化したら、より細やかな「短期スケジュール」の併用を検討します。

もしそのプロジェクトが、少人数による、ごく短期間のものであれば、マスタースケジュールだけでこと足りるケースもありますが、私たちの仕事のように、長期間にわたって、数百、数千人の人間が動くプロジェクトもあります。仕事に携わる人の数が増え、スケジュールの厳しい仕事を効率よく進めようとするならば、より個々の対象や期間にフォーカスした、実践的なスケジュールを欠かすことはできません。そのために用意するのが短期スケジュールです。

言い換えれば、人数が多く期間も長いプロジェクトのマスタースケジュールには、参加者一人ひとり、あるいはその人が属しているグループなどが、自らがいつまでに何をすべきかまで把握することはできない代わりに、最初から終わりまでの大きな流れは見える化されています。反対に短期スケジュールでは、参加する人すべてが、それを見て今何をすべきかが明確に見えることが目的となります。

私の仕事においては、短期スケジュールは、基本的に1週間を単位としています。これより短くすると細かい調整に労力がかかりすぎますが、これより長くすると人の動きが見えにくくなって最初の目的にあいません。短期スケジュールがどのスパンで作成されるべきかは、個々のプロジェクト全体の長さを見ながら考えてください。もちろん、私も必要

図4
「短期スケジュール」のイメージ

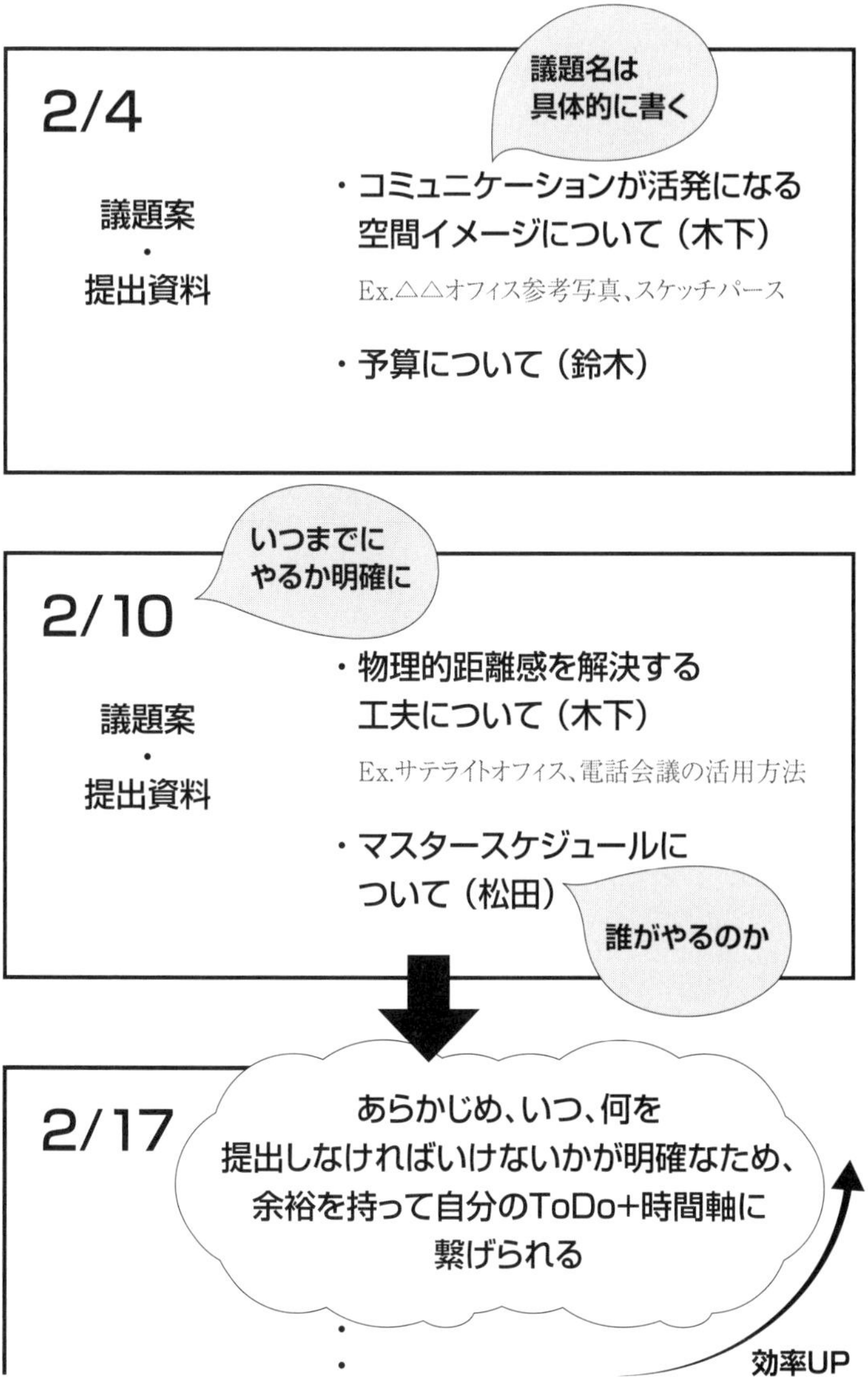

議題名は具体的に書く
2/4
議題案・提出資料
・コミュニケーションが活発になる空間イメージについて（木下）
Ex.△△オフィス参考写真、スケッチパース
・予算について（鈴木）
いつまでにやるか明確に
2/10
議題案・提出資料
・物理的距離感を解決する工夫について（木下）
Ex.サテライトオフィス、電話会議の活用方法
・マスタースケジュールについて（松田）
誰がやるのか
2/17
あらかじめ、いつ、何を提出しなければいけないかが明確なため、余裕を持って自分のToDo+時間軸に繋げられる
効率UP

に応じて1日単位の短期スケジュールを作ることもあります。

図4はそのイメージですが、ある一定の期間における、打ち合わせの議題表案をあらかじめ決めたものとしていることがおわかりになると思います。

スケジュールを作ることに慣れてきたら、そこに書き込む際の言葉のチョイスをより具体的にしていくといいでしょう。

たとえば、働き方改革に応じてオフィスデザインを新しく考えようというプロジェクトで、「意思疎通の空間について」という表現では、概念的で、漠然としすぎて具体的にどんな話が出てくるのかイメージできません。そこで、「コミュニケーションが活発化する空間イメージについて」とか、「サテライトオフィスや電話会議など物理的距離感を解消する工夫について」などと、できるだけ具体的な言葉を使い、少しでもブレイクダウンして記載します。

こうすることで、とくにプロジェクトの内容に不慣れな参加者やクライアントにもわかりやすく共有することができ、不要な不信感や無関心を減らすことができます。そして、安心して毎日の仕事に集中できるようになり、ＰＤＣＡは止まりにくくなるのです。

まずは自分だけでできることから身につける

　ここまでは、ＰＤＣＡをできるだけ止めないための、そして止まってしまったＰＤＣＡを再び動かすためのアイデアのうち、本人次第ですぐに取り組めるアイデアをまとめました。これらを試していただくことで、ＰＤＣＡの中心にいるあなたは、着実に日々１％の経験値をつかみ、積み重ねていくことができるはずです。

　他者からは強い影響を受けず、自分自身だけの変化で１％成長できるアイデアに関してはここまでです。第３章以降は、「相手」、「他者」の存在を明確に意識した内容へとステップアップしていきます。つまり、ここから先は、いよいよ私たち自身以外の登場人物を交えたテクニックとヒントに入っていくことになります。

　自分は、ここまでに書かれていることをほぼ実践できているという自信がない限りは、いったんここで本書を閉じていただき、あるいは何度も読み返していただきながら、まずは自分だけで実践可能な内容を繰り返し行うことをお勧めしたいと思います。言い換えれば、ここまで述べてきたことだけでも、十分に成長の助けになると自負しています。

そして、あなたのなかで十分に成長できる仕組みができ上がった自信がついたら、この先を読み進めてください。

第2章のまとめ

PDCAの成功だけでなく、失敗の原因も深掘りすることで、成長の糧となる経験値に変えていく。
「一人プレス発表」がPDCAを最適化し、経験値を稼ぐ。
3人の「他人」の力で、加速度的に賢く経験値を稼ぐ。
仕事の効率UPの最強ツールで経験値を稼ぐ。 ・TODO＋時間軸 ・段取りTODOリスト ・短期スケジュール

第3章

中級編

目の前の相手とともに成長を加速させる！

いよいよ「他者」とともに歩む入り口に立つ

この章を読み始めたということは、あなたは初級編である第2章までの内容を十分に理解した上で、ほぼ自らのものにすることができ、今や自ら、意識的に経験値を増やしていくことができる状態にあります。ということは、あまり自覚はできないとしても、実は経験値が順調に積み重なり、日々の1％成長によって得られる「幅」がだんだんと大きくなり始めていて、飛躍的に伸びようとする直前であるはずです。

ここからは、適切な「負荷」を掛けていくことが大切です。そして、その具体的なイメージは、ＰＤＣＡを回していく上で避けては通れない「他者」の存在を巻き込みながら成長していくことです。

この本の最初でも述べましたが、ゲームのパーティーとは違い、現実の仕事に関わってくる「他者」たちは、私たちがコントローラーのボタンを押せば、自動的かつ忠実に仕事をこなしてくれる脇役のキャラクターではありません。それどころか、言われたとおりに動かなかったり、文句を言い始めたり、思わぬ行動に出たり、お互いに誤解をしたり、なかなか意見が合わなかったりもします。

その上、「他者」とは個人のことを指すだけではありません。この本を読んでいる多くの方が、やがてはさまざまな個人が複合した大きな組織を相手にするリーダーになるのでしょうし、その大きな組織は、さらに組織の外側を相手にしています。企業であれば、顧客や地域、もっといえば日本社会や世界さえも相手にしているのです。

建築士からコンサルタントになった私も、振り返ればいつの頃からか「他者」とのコミュニケーションに悩み、他者とのコミュニケーションによって育てられたと実感します。

大きな図面が引けるようになるには、クライアントや施工会社とのコミュニケーションが欠かせません。コンサルタントになれば、あらゆる関係者の意思と要望をまとめ、最適な解を導けるようにならなければなりません。そして、クライアントが作る建物が、クライアントにとってのステークホルダー、ひいては地域や社会にどのようないい影響を与えられるかまでを、クライアントに成り代わって見通すことが求められています。

ここからは中級編です。ＰＤＣＡを回して日々1％成長する上で、「他者」の存在を段階に分けて、コミュニケーションとマネジメントにおけるテクニックとアイデアを紹介していきます。

まず、この第3章は、直接相手の顔を見ながら仕事をする場合から始めましょう。続く第4章では、大人数の組織で仕事をする場合を考えます。つまり、だんだんと相手のスケールが広がっていく形で述べていきたいと思います。

リーダーは自分を成長させる「おいしい」ポジション

ところで、相手が生じた以上、あなたはすでに「リーダー」です。

まだそんなに大げさな立場にはない、そのような肩書きではないと言い返されてしまうかもしれませんが、たとえ相手が一人であろうと、他人を巻き込んだ上でＰＤＣＡを考える以上、第三者からどういう呼ばれ方をしていようが、すでにあなたはリーダーだと考えてください。いずれにせよ、遅かれ早かれそう呼ばれるようになるはずです。

私も実感しているのですが、正直、リーダーというのは面倒くさいものです。会社の後輩たちから、どうしたらいいリーダーになれるか聞かれることがあります。また、書店に足を運べばさまざまなリーダー論に関する本が並んでいます。おそらく、本人の意志とは無関係にリーダーになってしまう人が世の中にはたくさんいて、その多くが困っているのだろうと感じます。

思い起こせば、私自身もリーダーになりたくてなったわけではありません。自分の成長だけでも大変なのに、他者のことまで念頭に置きながら考えていかなければならないことを、荷が重すぎると思ったからです。

でも、見方を変えればリーダーの立場は実に便利で、「おいしい」ポジションとも考えられます。とくに、その場を「仕切れる」のはリーダーの特権です。それを仕切らなければならない「責任」ととらえると、とたんに重く感じてしまいますが、任せられ、裁量権があるからこそ、自分の1％成長を念頭に置いた上で、理想的な働き方にカスタマイズできるということでもあります。

つまり、他者を巻き込む仕事を通して、自分自身が考える理想の自分に向かって走ることができるのです。もちろん、この先の自分の成長は、プロジェクトの成功、自分の考える、よりよい社会の実現と密接につながっているべきということはいうまでもありません。いずれにせよ、会社のリソースを使わせてもらった上で自分の成長を手に入れられるのです。

これは、慣れるとクセになります。だからこそ、最初の段階である「目の前の相手」にげんなりしないよう、効率的に経験値を増やしていく方法を身につけてほしいと思うのです。

リーダーが経験値を稼ぐための三つの「型」

まず、リーダーになってしまった私たちが、どう動くと効率のよい経験値稼ぎができるのか、そのテクニックを三つの「型」に分解してみたいと思います。

これは、私自身の経験に加え、私の周囲にいる「リーダーになりたくなかった人」がやがて立派にリーダーを務められるに至った過程を目の当たりにして、リーダーとは決して本人が考える資質（自分がリーダーに向いているか否か）や努力などではなく、次の「型」を上手に使えるかどうかがポイントだと気づいたことに基づいています。

まずは、頭の体操を兼ねて大まかなイメージをつかんでください。

(1) 第1の型……人より大きな目標、価値ある目標を立てる

私が仕事で出会った優秀なリーダーの方たちは、一段高い、あるいは一歩引いた、大きな見地から物事をとらえた上で、目標を設定し、相手を引っ張っていることに気づきました。というより、大きな目標を掲げずに成功したリーダーに会った記憶はまったくないと断言できます。私の経験上、「第1の型」を使えば、リーダーとしてすでに6割方完成しているといえるでしょう。

(2) 第2の型……「やろうよ！」と、相手・仲間に直接呼びかける

目標だけがあっても、具体的に何かを始めなければ経験値など生じるはずもありませんが、人というのは不思議なもので、ただ目標だけがリーダーによって立てられ、標語のよ

うに壁に貼られたとしても、決して動こうとしないものです。それも、なぜかよい目標であるほど腰が重くなります。そこで、「第2の型」で、相手・仲間にリーダーが直接「この目標、一緒にやろうよ」と働きかけ、背中を強く押すことが重要になります。これができれば、自分だけでは達成し得ない大きな仕事も回せますし、経験値も上がっていきます。

(3) 第3の型……やめない

最後は少し根性論のように思えてしまうかもしれませんが、ここでの「やめない」とは、「とにかく、とりあえずやめずに続けよう」というニュアンスとして受け取ってください。もういいや、やめてしまいたいと思う時に、ギリギリで「それでも途中でやめてしまうよりは続けたほうがいいか」、「とにかくやめなければいいや」と思えるかどうかが、実は経験を最終的に自分の経験値に変換するための大切な型となります。一度この型が身につくと、不思議に何とか仕事を続けられるようになります。

以上三つの「型」は、「型」というわりにはやや説教くさいものとして響くかもしれません。そんな時には、第3→第1へと、さかのぼって読み返してみてください。途端に実用的になるとは思えませんか。とにかくやめないためには自分の力だけでは足りませんから、相手や仲間に力を貸してくれるよう呼びかけます。呼びかけるには呼びかけの内容が必要ですから、より魅力的に映る、大きくて価値のある目標を立てる、という具合です。

「型」を上手に駆使して仕事を動かす

実際に、三つの「型」をどう運用するかを考えてみましょう。

取り組む仕事に対して大きな目標ができたら、それを実現するために今できることは何かをリストアップし、そこにいろいろな条件を組み合わせながらシミュレートしてみることが基本です。

さまざまな業種、プロジェクトの規模の大きさなどにかかわらず、すべての仕事には予算が絡《から》んでくるはずです。いくらコストがかかるかを考えなければなりませんし、会社としてどのくらいの売上が期待できそうか、同時にそこからどのくらいの利益を残す必要があるかを考えれば、予算の枠と使い方が見えてきます。

並行して、すべき仕事の内容とスケジュールを考えます。同時に、それを実現するためには、おそらく自分一人では手に余るでしょうから、どのような人たちの助けが必要なのかを考えます。

ここまでくれば、すべき内容と時間軸、その主体が見えてきます。ここで、第2章で考えたTODO＋時間軸リストや段取りTODOリストをもとに応用していけば、「第1の型」に基づいた、プロジェクトの大枠が姿を現すはずです。

ついで「第2の型」に移ります。相手にプロジェクトの大枠を示し、ペーパーにまとめて「このとおりです。ではよろしく」と言いながら申し渡しただけでは、ほとんどの人は動いてくれませんし、仮に動いてくれたとしても期待どおりには進まないリスクが大きくなります。

同時に、それはもったいないやり方でもあります。仕事をお願いする相手は、その分野に関しては自分以上の経験と知識を持っている場合も多いのですから、目標を直接伝えて「一緒にやりましょう」と口説きながら、よりよくするためのアドバイスまでもらいたいところです。一見面倒くさそうですが、結局この段階でしっかり相手を引き入れ、仲間にしてしまうことが、プロジェクトを止めない力、そして最終的な質を上げるための強固な土台になりますから、トータルではここで手間をかけることがむしろ効率的なのです。

相手側の理由で止まってしまうＰＤＣＡの根本的な理由は、この「第２の型」に対する意識の不足、あるいは熱量の不足が考えられます。

この部分は、一般的なＰＤＣＡの教科書にはあまり書かれていない印象があります。極論すれば、よくできているＰＤＣＡのサイクルであっても、そこに携わる人たちがこれといった思い入れもなく、身を入れて取り組んでくれなければ、結局は止まってしまうというわけです。反対に、「第２の型」をうまく使えていれば、ＰＤＣＡを止めないことに大きく貢献するはずです。そこに関わっている人たちが、本気で、自分のこととしてあなたと一緒に「いっちょ、やってやろう」と戦ってくれるからです。

まずは相手の意向に寄り添い合格点を狙う

では、「型」を駆使していくための方法を述べていきます。まず、目の前の相手をどのように引き入れるのか、具体的な方法を考えていきましょう。

目の前の相手、といっても、それは社内の同僚であったり、プロジェクトのメンバーであったりもするでしょう。また、社外であれば、外注先の担当者、現場で作業をしてくれる人、発注元の担当者や責任者というケースもあります。

しかし私は、目の前の相手がどのような立場であっても、まず自分自身は「パッシブ」であるべきであり、一度受け止めて、そのあとから「アクティブ」になることが大切だと考えています。いきなり食いつくことは避けたほうがいいと考えています。

これは、必ずしも「受け身」であれということではありません。むしろ実利的には、いったん相手の意見を十分に引き出し→それならばこんな風にするといいのでは？　という流れで進めることが、最終的に付加価値を提供しやすいコミュニケーションスタイルだと考えているからです。

こうした考え方は、気遣いのテクニックとしてもよく語られています。相手と食事をする際、自分が知っている話題の人気店であろうと、自分が行きたい店にいきなり連れて行くよりは、まず相手の意向を聞き、その好みのなかで自分が知っている店に決めたほうが断然感謝されます。

大きな枠は、まず相手から出してもらい、その意向のなかから絞り込んでいくことで、相手には、その決定に自らの意思も加わっていると考えてもらえます。つまり、自分事になるのです。これで、たとえそのお店が相手にとって意外だったにしても、意向に寄り添うという意味において、合格の最低ラインは

上回ることができるでしょう。

ただしこれは、相手に意向を出させて、それに無条件に付き従うこととは違います。これもまた、普段の人間関係に落とし込めばわかるでしょう。すべて相手の意向を聞き、そのまま決定していたのでは、相手からは「あなたは何も準備していないのか」とか、「あなたにはアイデアや意思がないのか」と思われてしまいます。たとえ心の中ではあなたが譲った気になっていたとしてもです。

私自身、新入社員の頃はクライアントの意向を聞いて素直に従うことがいいことなのだと誤解していました。でも、クライアントの多くは私のことをどこか退屈だと感じていることに気づき、何か差別化を図るためのいい方法はないものかと悩んでいました。

この時点で私は、相手から聞いたまま従うか、自分がすべて発案するかの両極端な考えしか持っていませんでした。しかし正解は、相手の意向を満たすために、その意図を探りながら、自分の考えを使うことだと気づきました。

「今日は中華料理が食べたい」と言う相手がいるとします。私たちはそこで「だったらあなたが行きたい中華料理店を提示してくれ」と言ってはダメですし、「中華なんてダメです、今日は和食にしましょう」と問答無用で言うのはもってのほかでしょう。正解は、「中華ですか。いいですね」といったん引き取ったあとで、「なぜ中華の気分なんですか?」と、理由を探りにいくことです。すると相手は何が何でも中華を食べたいのか、単に味付けの濃いものが食べたいのかがわかりますし、場合によっては最近気分が落ち込んでいるので景気をつけたいと思っているだけかもしれません。だとするならば、あえて中華という選択肢を外して、元気の出そうな食事のアイデアを提案することもできるのです。

私の仕事である建物の場合だと、造ることにフォーカスしがちですが、クライアントはこの先長い間、建てた建物を使い続けるのですから、実際にどう使うかが重要になります。ビジネスの成長、研究開発の充実、社会貢献、さまざまな方針があります。だからこそ私たちは、その意向に沿って考えをまとめ、提案することが大切になるのです。

相手の意向に寄り沿う限り、あなたのアイデアはすべて相手に有意義になるのです。この考え方を身につけたあなたは、合格点を確実に上回れるようになっているはずです。

対話こそアイデアの宝庫だ

このように、私は基本的に相手との会話は、発案の段階に移るまではできるだけ相手が起点になるよう心掛けています。わかりやすくいえば、相手が気持ちよく自然に、今自分の考えていることを話してくれる状態をできるだけ作り出すように努めています。

これが、さらなる付加価値を生み出し、合格点を大きく超える満足を創造します。なぜなら相手は、自らの意思で自由に考えを伝え続けることによって、ただ今自分が言いたいことを示すだけでなく、相手自身が進歩し、再発見をしていくからです。「あなたと話せて考えがはっきりまとまりました」と感謝されるのです。

ある地方都市にある企業の本社ビルを建て替える仕事での話です。経営者が「新本社を観光名所にしたい。そのために神社を造ろう」という意向を示しました。

それを聞いたスタッフの皆さんは、真意を測りかねている雰囲気でした。確かに、さすがに神社は受け入れづらく、私たちが相対して話をさせていただき、真意を引き出そうと試みました。

そのトップの想いは、せっかくの本社建て替えの機会を、少しでも地域経済の底上げへの貢献に生かしたい、というものでした。神社造りが本質なのではなく、地元が盛り上がり、観光客も集まれる名所になれるような本社を期待していたのです。

ここまで真意を引き出せれば、あとは私たちプロの出番です。回遊性をさらに進化させビル内に「路地」を出現させる、大きな吹き抜けを作って人の流れを商業ゾーンに誘導する、その中心に思わず写真を撮りたくなるような目玉を据える……。するとトップからは、回遊に当たっては、その街のシンボルである山の景色が楽しめるようにしたらどうか、という素晴らしい「逆提案」まで飛び出しました。私たちには思いもつかないアイデアでした。

もし対話をおろそかにしていたら、きっと「いきなり『神社』なんて言われても困る……どうごまかそうか」などと、逃げの言い訳を探っていたに違いありません。しかし、対話で自由に話していただいたからこそ、相手のアイデアをさらに高める形で、とても印象に残るすてきな仕事をさせていただくことができたのです。

「考え方」の合意が、仕事をうまく進めるカギになる

こうした対話をする際のキーポイントは、まず「考え方」を共有し、合意するというステップです。

ビジネスにおける対話、話し合いというと、とにかく最終的なゴール、結論をいかに目指すかということに気持ちを置いてしまいがちですが、それはまさに中華料理を希望する人に、理由も聞かずに和食を提案するような行為です。

まず大切なのは「目標」を話し合うこと、そしてそれを、どのような「考え方」に基づいて進めていくのかを決めることなのです。

「目標」と「ゴール」が別物だというと、少し驚かれるかもしれません。しかし、「目標」は一つでも、「ゴール」となるといろいろなバリエーション、選択肢があるといえばイメージが湧かないでしょうか。もちろん具体的に仕事を進めていく上で、何らかのゴールはいつか決めなければなりませんが、その前に、そのゴールに納得して飛び込むための目標、

考え方を共有することのほうがずっと大切で、そこさえできていれば自ずと目指すべきゴールは見えてきます。

同時に、考え方を共有していると、ＰＤＣＡが止まりそうになった時の処理の効率が大きく違ってきます。

ゴールだけが共有されてしまっている場合、そのゴールが間違いだったり、ゴールを変更せざるを得なくなったりすれば、話は最初からやり直しです。それでも仕方がないだろうと思われるかもしれませんが、実際にこうした事態が起これば、コストや時間、手間のムダ以上に、私たち自身や参加している相手も強い徒労感に見舞われます。もう一度ゼロからやり直すというプロセスは、本来得られるはずの経験値を失う代表例です。

では、考え方を共有している場合ならばどうでしょうか。さまざまな理由からゴールは変更せざるを得なくなっても、共有されている考え方が変わらなければ、決してゼロから再び考え直すような事態にはなりませんし、それほどの徒労感もありません。すでに共有している考え方に立ち戻って善後策を考えればいいだけですし、その線での意思統一、信頼関係はすでにでき上がってあがっているからです。

あるクライアントに、デザインの方向性を提案した際の話です。そのクライアントは保守的な会社でしたので、「長い歴史のなかで、多くの変化に対応し、常にユーザーに寄り添ったその安心感や信頼感を表現することが重要だと思います」と説明し、壁面主体のクラシックなデザインを提案しました。

しかし、私たちは専門家ですから、同じクライアントに対して、言い方次第で正反対のアプローチも可能です。「長い歴史を築いてきたということは、いかなる変化にも対応し、常に未来を切り拓いてきたことにほかなりません。その先進性を表現し、未来に継承することが重要だと思います」と説明して、斬新で近未来的なデザインを提案することも可能なのです。

つまり、よりよい建物を造るという「目標」は同じでも、「ゴール」にはたくさんの選択肢があるということです。

結局、決め手は「考え方」なのです。このケースでは、クライアントの長い歴史が持つ意味を一緒にひも解き、相手の立場に立ちながら話し合った結果、斬新なデザインで進めるという結論になりました。しかし、それは単なる「ゴール」であって、クライアントの考え方を探る過程こそが重要なのです。

ということは、考え方からしっかり、じっくり共有することが、むしろ効率よく、そしてストレスなく、互いの心を通わせながら仕事ができるチャンスなのです。あえて違う言い方をすると、そのほうが裁量権は守られますし、あとから口を出されるリスクも減るでしょう。路線を変える時にもいちいち原点まで立ち戻らなくてよくなります。そしてトラブル時のダメージコントロールもそこまで深刻化はしません。

むしろ、面倒くさがりで効率を重視したいなら、考え方で合意することが大きな助けになります。考え方で合意すれば、その範囲のなかであなたの独自性は存分に発揮することができます。

大枠で合意する習慣を持てば、ストレスから解放され、仕事もスムーズに進められるようになるはずです。

相手の期待値がわかると成長は早まる

相手から評価や信頼を得てＰＤＣＡを動かすためには、自分が、相手の持っている期待値を超えられるかどうかが大きいと思います。しかし、ここで問題になるのは、何が期待値を構成しているのか、「超える」線がどこに引かれているのかが、相手によっても、また状況によっても変化し、一律ではないことです。

そこを適切に把握できるようになると、成長は加速します。なぜなら、すべきこととそのレベルがわかるからです。

私たちの建築の仕事でいえば、コストを重視しているクライアントに対して、コストを無視したデザイン重視のプレゼンテーションをいくらしても効果はありません。反対に、唯一無二のデザインを希望しているクライアントに、コストを理由にしてありふれた提案をしてもつまらないと思われるだけでしょう。そこには期待値がなく、当然、期待値を超えるボーダーラインも存在しようがないからです。デザインもコストコントロールも大切な能力ですが、使い分けなければ逆効果なのです。

私がこのようなことにこだわるのには、実をいうと少々個人的、かつ珍しい経験があるからです。


私はかつて設計者としての仕事に一度区切りをつけ、生命保険会社に転職していた時期があります。なぜ生保なのかというと、全国各都市に多くの投資用不動産を保有していて、収益の原資にしているからです。そこに、建物を建てる側にいた元プロとして採用された理由は、投資効果を高めることを期待されたからです。私自身は、裏側から建築のビジネスを見ることで、より成長できるのではないかと考えました。

すると予想どおり、同じ建物を扱う仕事でも、「どう造るか？」という立場から、「どう利回りを高めるか？」というアプローチに変わることを求められました。建物に関する仕事ですから使う知見はかなり共通していましたが、まったくといっていいほど、目的も、期待値も異なります。

利回りをどうすれば高められるかを考えているオーナーに、いくらデザインの観点から建物の美観的価値を述べても響きません。どう利回りを高めるかというテーマにベクトルが向かっていて初めて価値を持つのです。

その生保が私を中途入社させた目的は、新しい人材を入れることで組織を活性化することでしたが、まさか生保の堅実なビジネスモデルを一変させたいわけではなく、要するに新しい知見によって不動産運用の収益力を強化することにありました。

私は、そんな背景を頭に入れながら、入居テナントが期待する、そして空室率が下がり家賃を少しでも高くとれるという観点から、どのようにデザイン性を高めるかを提案していきました。正直にいって当初は設計事務所出身の私にとってエキサイティングな仕事ではありませんでしたが、それでも結果が数字で出てくるにしたがって、大胆な提案も認められるようになり、ずいぶん楽しく仕事ができるようになっていきました。

反面、私が生保の不動産事業担当者として、かつての私のような建築の世界の専門家から提案を聞いていると、クライアントである生保側の期待値をあまり考えず、ただ言いたいこと、ただベストだと信じていることをそのまま提案しているシーンに何度も直面しました。それは、建築業界としての文脈では間違っているわけではないのですが、しかし生保の立場を考慮していないために、何も響いていませんでした。当然聞き入れられることはなく、信頼を得ることもなかったのです。

相手がどんな立場で、何を考えているのか。それは、意向に寄り添い、考え方を探る過程で自ずとわかってくるはずです。その先に、何に期待していて、どこに期待値のボトムラインがあるかが見えてきます。そこさえわかれば、あとは自分たちの専門性を、そのラインを大きく超えるところに向けて発揮すればいいだけです。こうすることで、こちら側の知見は相手側の安心感と信頼感に変換され、ＰＤＣＡが力強く回り始めるのです。

相手の予想外のフィールドで得点する

期待値を超えるために、あくまで相手が描いているフィールドのなかで、高い得点を狙う方法について説明しましたが、別の得点法もあります。

相手が予想すらしていなかったフィールドで、予想外の得点をあげることです。これを言い換えると、「言われたことを一生懸命やって評価される」ことと、「言われていないことで評価される」という対比になります。前の項を否定しているようですが、実際は違います。なぜ、このようなことが重要なのでしょうか。

前提として、言われたことをしっかりできる能力は何よりも大切です。まずは、期待値を探って、その上を超えるやり方が正攻法です。

しかし、なかにはどうしても超えられない状況があるのもビジネスの現実です。明らかに実現不可能なコスト構造を期待されている、技術的に、時間的に成立し得ない計画を期待される、といったことは、どんなに知見があろうと、どんなに誠実に応えようとしても、できないことはできず、無理なものは無理です。

そうなると結果として、100点満点中80点のあたりにあったらしい相手の期待値を超えることは難しくなってしまいます。専門家である私たちにとっては希望すること自体に無理がある内容だったとしても、相手は専門家ではありません。納得したとしても期待値は残りますし、残念な気持ちから脱することはできません。

こうした状況でこそ、予想外のフィールドで得点することを考えるべき時なのです。言われたことをするのは当然として、プロならば、ただ言われたとおりにやるのではなく、相手の期待値のなかに含まれていないが代替し得る提案、想像もしていなかったメリットの提案を常に考え、用意しておくといいでしょう。

現実的な効用として、「フィールド外の得点」は、「フィールド内のミス」をリカバリーする際にも有用です。相手とコミュニケーションしていくなかで、どうしても誤解が生じたり、意図を取り違えたりすることはなくせません。とくに、専門家と専門外のクライアントでは、正確かつ誠実なやり取りをしているつもりでいても、言葉の定義やニュアンスそのものが違ってしまうケースもあるのです。

こういう際も、普段から提案を繰り出して、得点のフィールドを広げておくことで、通常のフィールド内でミスをしても、結果として満点が取れる態勢を構築することができます。

何より、言われたことをしているだけでは仕事としてつまらなくても、言われてもいないことを密かに準備しておき、いざという時に繰り出して相手が喜んでくれると、サプライズの成功として非常にやりがいを感じます。楽しく充実した仕事という意味でも、フィールドを広げて得点することをお勧めします。

事実とロジックに「情熱」を足すとPDCAが回る

事実とデータに基づいてロジックを構築しているのに、採用されなかったり、せっかく動き始めたPDCAが暗礁に乗り上げてしまったりすることがあります。とくに若い方を見ていると、しっかり正しいやり方を正確に運用しているのに、なぜうまくいかないのかと、不満に思っている人が多いように思えます。

しかし、人と人が行っている仕事ですから、こういうことからは逃れられません。事実を正確なデータで分析して導いたロジックによって仮説が構築され、万全の自信を持って提案し、スタートしたはずなのに、もう一つPDCAの馬力に欠けてしまうシーンは珍しくありません。

私は事実とロジックに、「情熱」が付加されて初めて相手に受け入れられるのだと考えています。というより、これらが三つそろって初めてPDCAは回るのではないでしょうか。なぜなら、事実やロジックはとても静的なものだからです。聞いた相手も、ロジックにはロジックで対応します。ロジカルに思考するからこそ、そこに立ち止まり、相手の穴を見出して論破したり、自らのロジックを守ったりすることを考えます。

そんな相手に事実を認識してもらい、非の打ちどころのないロジックで説得すれば、説得力としては十分なはずだ、というのはもっともなのですが、その二つだけでは、基本的に相手に論理的な思考を強いていることになります。まして、こちら側は専門家、クライアント側がそうではない場合では、かなりのストレス、不安要素になってしまいます。

仮説はあくまで仮説ですから、実際どうなるかはやってみなければわかりません。その時点で事実とロジックが成立していても、あとから状況が変化するかもしれませんし、そもそもそれが確度の高いものかどうかさえ、専門家ではない相手には、理解が難しいのです。

ここで大きな力を発揮するのが、三つ目の要素、「情熱」なのです。ロジックと情熱なんて水と油ではないかと思うのも無理はありませんが、だからこそ、相手を強烈に突き動かす力を持っていると思います。

情熱は根拠などとは無縁ですが、とても動的なものです。感情に訴えかけ、感情を揺さぶり、内面から人を動かします。直接相対して接する人にしか届きませんが、キーとなる

PDCAをうまく回すには「情熱」が必要

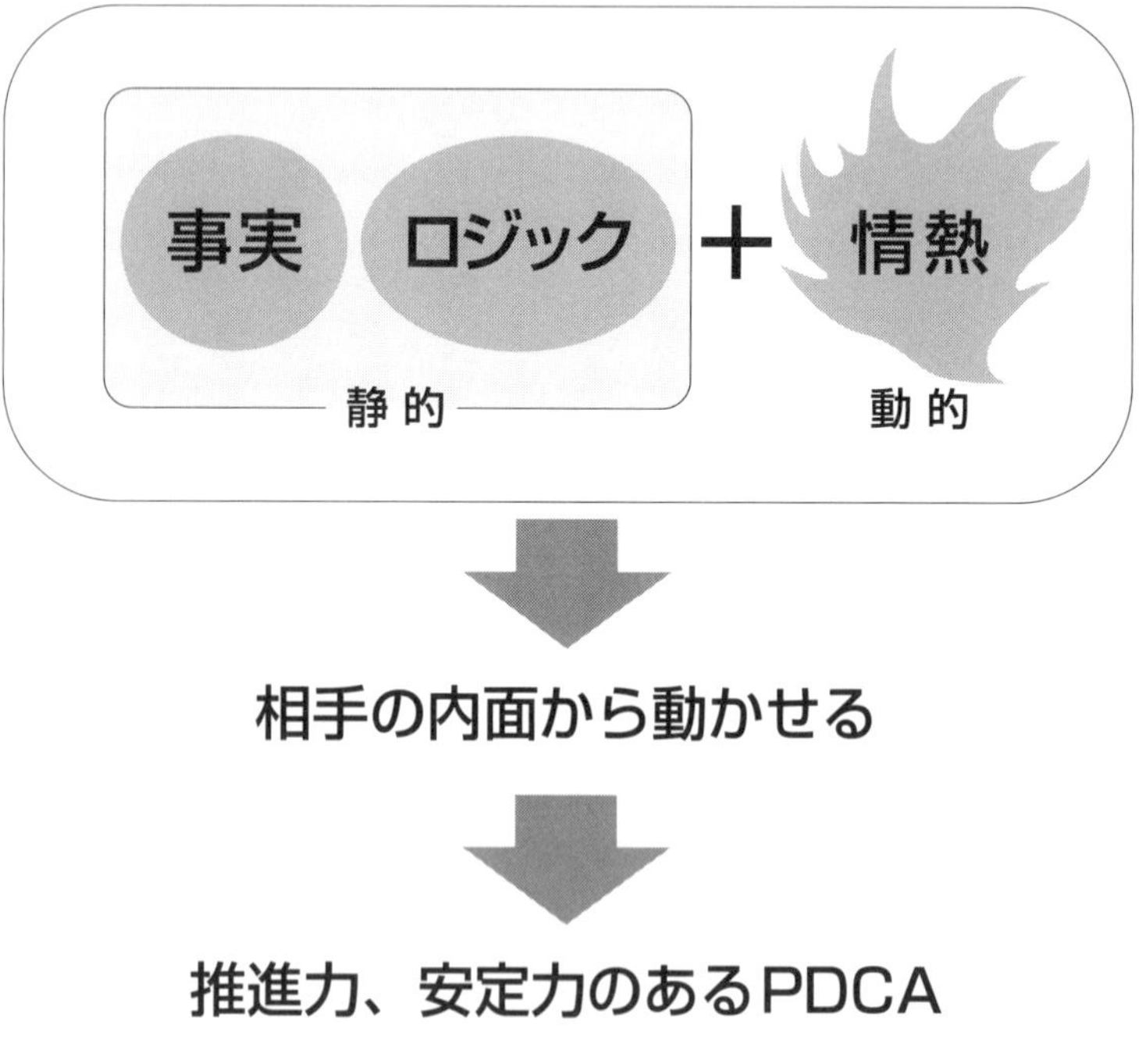

人に確実に響けば、PDCAにとって力強い推進力、安定力になります。情熱を持っている相手は信じられます。今後どんなことがあっても、逃げ出さず、裏切らないだろうと思えるからです。事実私自身、何度も情熱にほだされて動いたことがありますし、逆に私の情熱を信じてくださった方から、危機一髪のところで助け船を出してもらったこともあります。

これは非常に面倒とも思えますが、しかしPDCAを止めないためにはケアしておくべきポイントであり、乗り越えておくべき壁だといえるでしょう。

意見を通すには「切り出すタイミング」と「深さ」を考える

PDCAの枠組みを考える時、あるいはPDCAが止まってしまってリカバリーを議論している時に配慮すべきことが三つあると思います。

一つは「空気感」と表現するべき雰囲気づくりです。残りの二つは、議論において意見を「切り出すタイミング」、そしてその議論を支えている思考の「深さ」です。

さまざまな意見が噴出し、どう考えても議論がまとまらない会議がなぜ起こるかというと、そもそも議論をするための条件が整っていないからです。ある人はこれまでの情報をもとに自らの意見を述べ、またある人は耳かじった情報をもとに話しをしていたら、それぞれが抱えている情報のギャップは大きく、混乱を招くだけです。しかも、全体のうちで数こそ少数でもこうした事情を把握していない人がいるだけで、議論の場は荒れてきます。

私たちの会社はコンサルタントですから、会議では仕切り役に徹することが多く、会議をいかに荒れさせないかは重要な関心事です。その際の武器として機能するのが、発言を「切り出すタイミング」と、その発言を支えている「思考の深さ」です。これを考慮していないと、たとえその発言に理があったとしても、うまく機能しません。

まずはタイミングのコツですが、どんなにその発言が的外れであろうと、強い意見を熱く語っている人に、そのタイミングで遮断するのは逆効果になります。エネルギーが高い状況で力をぶつけたら最後、そのあとにいくら正しい発言をしても、もはや受け入れることができないのです。

そこで、まずは発言が出尽くして、参加者に疲れが見えるまで待ってみます。むしろしっかり吐き出してもらいます。そのタイミングを見計らって正しい意見を説明し、収束させます。場が荒れていると思った時ほど、先を急がないことです。

この段階をクリアしたら、その発言を支える思考の「深さ」を即座に提供します。結論だけを提示して終わりにするのではなく、そこに至る経緯、根拠などのプロセスを、丁寧に提示します。深く考えた上の結果であることを示すわけです。それが深ければ深いほど、説得力を増すだけでなく、会議に参加している人全体の意思として結論が共有されやすくなります。

この過程を省くと、たとえ結論が正しくても、まるでその場を私物化したかのような印象を与えてしまったり、ごまかされたと感じられたりしてしまいます。こうなってくると、その後うまく議論が進んだとしても、参加者全員の意思になっていなかったがために足を引っ張られたり、矮小化《わいしょう》されたりします。とてももったいないことです。

タイミングと思考の深さは、自分の能力を生かすための大切なツールとして賢く活用してください。

キャラクターを「鏡映し」にして相手の心に食い込む

なぜか気の合う人というのは確実に存在しますが、その何倍もいるのが、自分とは違ったタイプの人たちです。そして、ビジネスにおいては、私たちが相手を選ぶことはできないケースが少なくありません。

PDCAを止めないためには、自分と合わないキャラクターの相手（反対側から見れば、自分に対してもある程度違うタイプと考えている可能性のある相手）と、どのようにコミュニケーションを取り、心に食い込んでいくかは、見過ごすことのできない課題だと思います。

キャラクターが違う相手に対する私の基本的なスタンスは、相手を「鏡映し」にすることです。

私は立場上、また職種上、まったく異なる業種・業界の人々とお会いすることも多く、しかも相手は70代から20代まで世代も幅広くなっています。コンサルタントですから、どのようなタイプや世代の方とも、良好なコミュニケーションを構築することが大切なのですが、実際の私はあまり人付き合いが得意ではなく、とくに若い頃はまったくといっていいほどダメなタイプでした。

そんな私が、自らの「鏡映し」の術（？）を認識したのは、最近経験したある偶然からでした。

ある飲み会の席に私だけが遅刻して合流した時のこと。何があったのかはわかりませんが、私が来る前からずいぶんと盛り上がってしまっていて、まだしらふの私とはかなりのテンションの差がありました。そこで私は雰囲気を壊したくない一心で、テンションのアクセルをめちゃくちゃに踏み、その場に飛び込みました。

私の対応に気づいた一人が、こんな反応をしました。

「こいつは本当に、昔からお調子者だ！」

そして、若かった時代の私の仕事ぶりをみんながいじり始めました。

彼ら曰く、私は、打ち合わせをする相手によって、キャラクターを変えていたというのです。自分ではまったく意識したことはありませんでしたが、確かに言われてみたらそのとおりでした。

たとえば、ロジカルな性格の相手に対してはロジカルに、落ち着いて会話をする人に対しては落ち着いたテンポで、せっかちな人にはテンポを速めて結論から話す。そう、相手のキャラクターに、鏡のように合わせるイメージです。

私自身、演技をしているつもりはありませんでした。人間ですからさまざまな心の状態があり、ロジカルなモードになっている時もあればそうではない時もありますし、だらだらしている時もあればせっかちな時もあります。誰もが同じでしょう。

そこで、相手に合わせて明るい、慎重、ロジカル、能天気などさまざまなキャラクターのなかから、近いキャラクターの自分をパターン化し、適宜どれかに光を当て、前面に押し出しているのだと思います。

これは慣れれば数分の観察でできるようになります。それを怠ると、わざわざ距離感を広げるようなリスクを冒しやすく、そうなっては相手も鏡のように距離感を広げてしまいます。距離感が近いと感じてもらえれば、会話は自然体になり、本当に言いたいことが出てきやすくなるものです。

ただし、リスペクトする気持ち自体も鏡のように相手に伝わりますので、欠落すると大変なことになります。この点はぜひ気をつけてください。

無関心な相手は強引にでも巻き込む

相手と向き合う際に別の意味で恐れるべきなのは、無関心です。

この章は、基本的に相手には相手なりの意識や関心があり、それにどう寄り添っていくかという観点から述べてきましたが、なかに

は当事者意識が希薄なために、なかなか真剣に向き合ってくれなかったり、動くべき時に動いてくれなかったり、当事者の無関心さが理解不足に直結したりして、結果的にPDCAを止めてしまうことがあります。無論、私たちの得られる経験値にも結びつきにくくなります。そもそも、せっかく一緒に仕事をしているのですから、ぜひ関心を持ってほしいというのは人情です。

なぜ無関心な人たちが存在するのでしょうか。私は、これまでの経験上二つのパターンに分類できると考えています。

一つ目は、そもそも相手が「話が通じないタイプ」の場合です。意識的にせよ無意識的にせよ、言われている内容をしっかり理解せず、常に自分にとって都合のいい思い込みで動きます。これは非常に危険で、このため一歩進んだと思えば三歩戻るようなことが起こります。

二つ目は、相手が常に「逃げ場を探して逃げ込むタイプ」の場合です。何かを「しない」ことにモチベーションを持っているため、常にしない理由を確保し、のらりくらりとした反応をします。

正直なところ、どちらのタイプとも、なるべくなら仕事をしたくありませんが、相手を選べないこともまた私たちの仕事です。そこで、私はこのように対処してきました。

まず「話が通じないタイプ」には、相手の文脈でどう解釈したかを確認するステップを必ず踏み、自分との認識に差異があれば、何度でも粘り強く、それこそ嫌になっても諦めないで同じことを言い続けます。

個人的な経験では、会議で10分かけて説明を繰り返したあと、終了直後に「あれはどうなっているんだ？」と聞かれたことがあります。さすがに気持ちがなえ、言葉を失いました。しかし、そんなあり得ないようなシチュエーションもまま起こり得るのです。私が十分に理解した上で語った説明であれ、それが相手の頭の中で適切に理解され伝わっているかどうかの保証にはならないからです。

テクニックとしては、何度も説明を繰り返す際に、伝える方法、場所、時間、表現などを変えて伝えるといいでしょう。言葉だけでなく、議事録やメールなど、ほかの伝達手段をうまく使うのもお勧めです。また、同じ内容でも、説明の順番を入れ替えると伝わることもあります。

私の経験上では、ほとんどのケースで5回ほど繰り返せば、こちらの意図は伝わるようです。その程度まではあらかじめ計算に入れておいたほうがいいでしょう。あとからPDCAを止められるよりずっとマシです。

難しいのは「逃げ場を探して逃げ込む」相手の場合です。このタイプは、基本的に周囲の迷惑を気にしません。自分がやらなくていい理由の確保が最優先だからです。こうした場合、少々強硬手段ですが、やろうとしないことが相手自身を追い込み、自分が困ったことになるという事実を理解してもらうしかありません。

その際、有効な問いかけの方法があります。親身に相手の立場をおもんばかりながら、最後は、「ところで、○○さん大丈夫ですか?」で締めくくります。たとえば、「今は決断できないというお話は理解できました。大変残念ですが、現在のスケジュールで進めるのは難しくなってしまいました。皆さま、申し訳ありません。ところで、担当役員の××さんは首を長くして本日の打ち合わせの結論を待っておられましたけれど、その点は大丈夫ですか?」

結果として相手自身が困る状況が訪れることを、親身に、そしてリアルに伝えながら、逃げ道を消してあげる作業が必要になります。この例では「人」が対象でしたが、「コスト」や「時間」の問題を使って逃げ道を消すこともできます。

相手が気づいていないピンチを語りかけることで自覚を促し、上手に巻き込んでいく。何とも大人の対応ですが、ＰＤＣＡを止めないためには必要です。

「責任感」は個人に、しかし「責任」はスキームに押しつける

この章のまとめとして、目の前にいる相手に関して起こるトラブルについて、一般的な乗り越え方のスタンスを最後に述べたいと思います。

私自身、目の前にいる相手からずいぶんＰＤＣＡの動きを邪魔され、時には妨害されたと実感します。しかし、トラブルを嘆くばかりでは仕方がありません。

そんな時、トラブルの責任を目に見える相手に帰するようになってしまうと、こちら側もメンタル的に参ってしまいます。

また、プロジェクト全体としては特定の個人の問題として処理するほうが一見残った人たちがスムーズに仕事を続けられそうですが、反対に、そのトラブルが生じた根本的な問

題、新しい芽を見過ごすことにもなりかねません。

「罪を憎んで人を憎まず」ではありませんが、私は、個人に帰するのは「責任感」までにとどめ、「責任」そのものはあくまで仕組み（スキーム）に押しつけることが賢く、そして大切だと感じています。

何かトラブルに遭遇したら、「そういうスキームになっているから起きているのではないか」と仮説を立て、それを解決できる新たなスキームを考えるようにします。

ある相手が、スケジュールに書かれていた自分がすべきことを見落としたことによってトラブルになれば、「見落としてはいけない」と注意しながらも、なぜその人が見落としたのかについては、スケジュールの作り方、伝達法、確認方法、あるいはそもそものスケジュールが有効に機能しているのか、といった問いかけから解決を試みるのです。

間違いをしてしまった人に問うのは責任感まで、しかし間違いを起こす人が生じてしまった責任は、スキームにあるのです。

「各自で注意しましょう」というだけでは、一見トラブルを共有したようでいて、結局再び同じトラブルが起きてしまうでしょう。誰もミスはしたくありません。同じことを繰り返さないためには、ミスが起きることを前提に、組織全体で補い合って全体にダメージが及ばないスキームを整えてあげることが大切です。

しっかりとミスをした相手に寄り添うことで、本当に実効的な解決策を見出し、トラブルを繰り返さないスキームが提案できるはずです。

相手と向き合うのは大変ですが、それでも面白いと感じます。お互いそれぞれ異なる知識と経験、そして異なる人生や考え方を背負っていて、必ず学びや発見、共感が生まれるからです。

しかし、PDCAの回り方が大きくなればなるほど、私たちには、直接向き合えない相手の数がどんどん増えていきます。もっと手強い「モンスター」です。当然、コミュニケーションのスキルも変わっていきます。

次の第4章では、もはや一人ひとりと直接向き合えない規模感において、どのようにPDCAを止めずに経験値を得ていくかを考えてみましょう。

第3章のまとめ

リーダーが実践する三つの「型」。「大きな目標」「やろうよ」そして「やめない」。

仕事を効率よく進めるコツは、「考え方」での合意にあり。

言われたことと言われていない予想外のフィールドの双方で賢く評価UP。

PDCAをうまく回したいなら、事実とロジックに、「情熱」を加える。

トラブルの原因はスキームにあると心得、改善を考える。

第4章

中級編

見えない相手をストレスなく攻略する賢い方法

相手が大勢の場合、まずは否定されないことを目指す

直接向き合える相手と、もはや個別に対応することは難しい大人数を相手にする場合とでは、戦い方のテクニックが大きく違ってきます。

第3章までは、おおむね相手に「YES」と言ってもらうための取り組みだったのに対して、ここからは、相手の大多数に「NO」と言われないことが重要なポイントになってきます。もちろん全員から賛成してもらえることは理想ですが、現実にはかなり難しい話です。私の経験上、少し目線を下げて7割の方に「まあいいだろう」と思ってもらえれば、残りの3割の方からも「NO」とは言われないと感じています。

この章では、プレゼンテーションや会議の場を中心として、否定されずにPDCAを回していくための提案と合意形成のコツを述べていきましょう。

直接コミュニケーションを取れないレベルの、大勢の人間を向こうに回して行う意思決

定で、最も難しいのは一発勝負のプレゼンテーションです。何といっても、プレゼンには明確な結果がついて回ることが大半です。

私はプレゼンテーションを行う時、よほどの確信があれば別ですが、通常はそつなくスタートすることを心がけます。なるべく広く全体を意識した立場で、誰も否定できない内容から話し始めます。たとえば、提案を求めているクライアントに対しては、いきなり直接的なソリューションに入る前に、この提案が存在する根本的な目的は何なのか、なぜクライアントはこの提案を必要としているのかを、あまり具体的にではなく、考え方のレベルで共有するようにします。

この場合の「ネタ」は、クライアントの企業理念、歴史的経緯、所属している業界の一般的な課題、そして人類の望む素晴らしい未来とどう調和するか、などといったものです。これは、まず否定されることがありません。というよりも、こちら側の主観を混ぜずに、否定される要素を徹底的に取り除いておくことが大切です。

つまり、語るべきこととは、クライアントにとっては普段から聞いている当たり前の話です。しかし、それを私たちが的確に読み取っている事実を示すことで、クライアントは安心し、大きく同意してくれるのです。これは、自分たちこそが選ばれるべきプロとして、この仕事の全体をよく理解しているのだという強烈なメッセージになります。

なぜなら、相手にとって当たり前すぎるもの、大切なものほど日常化していて見失いやすく、いつの間にか手段が目的に変わってしまうからです。プレゼンの冒頭でそれを繰り出すのは、否定されずに目線を合わせ、信頼感を得る、努力ゼロの賢い方法なのです。

全体として、この部分は丁寧に行うべきですが、時間はごく短くて構いません。この段階をクリアすると、成功確率は大きく上がります。

プレゼンは、オフェンスよりディフェンス重視

YESを求めるのではなくNOと言われない戦略は、言い換えれば攻撃よりも防御に比重を置く戦略です。第3章までは基本的にオフェンス重視だったのに、なぜここからは戦略変更が大切なのでしょうか。

直接向き合えて、人数も多くない相手に話を持ち込む場合、パッションで心を揺さぶれば、多少の課題があったとしても勢いで押し切ることができます。ところが、人数が多くなると、その場の全員がパッションで動く状況にはなり得ません。

価値観の異なるメンバーが同席する場では、よく知らない相手から、さまざまな切り口で、厳しい検証にさらされることになります。立場も経験も異なる人間から、あれやこれやと質問が出てきます。

プレゼンテーションの準備で非常によくないのは、そうした事態を想定せず、オフェンスばかりにリソースを割きすぎてしまうことです。攻撃の質を高めることばかりを考え、検証に耐える必要性を忘れてしまうのです。

大切なプレゼンテーションになればなるほど、現場では不思議なくらい、ちょっとした間違いが発見されます。また、相手が複数の提案者からプレゼンを受けている場合には、内容の違いに対してもこと細かな質問がなされます。

この手の防御策としては、当然ですが不用意なミスをできるだけしないことです。また自分たちが提案したことだけでなく、しなかったこと、ライバル社ならしていそうなことにも意識をしておき、相手側から質問が出てくる前に「なぜ採用しなかったか、考慮しなかったか」を説明して、不安を打ち消すオペレーションを考えておくことです。

誰かが言い始めた「NO」がケアされないまま放置されると、最初はネガティブに受け取っていなかった人まで不安を感じ始めます。それはやがて、「この人は、この会社は、根本的に大丈夫なのか?」という重大な「NO」へと結びつきかねません。

プレゼンの提案書を「ラブレター」に変換して差をつける

プレゼンなどのために作成する提案書の作

り方は、ひと言では言い表せないほど難しいものですし、当然あなたの属する業界や業種にはそれに合った方法があるはずですから、限られた世界のことしか知らない私の知識が直接役立つとは思えません。

ただ、私が強くお勧めしたいのは、提案書の差別化を図るための一般的な方法です。提案書を、ラブレターのようにする、と個人的には考えています。

提案書の作り方や内容で、ライバルと決定的な差をつけることは簡単ではありません。その上、仮に決定的な差があったとしても、提案書を受け取る側は得てして専門家ではありませんから、その差自体を感じ取ることが難しく、結局は「まあどれも似たようなものだから、一番見積り金額の安いところで決めてしまおう」という展開になりがちです。

ラブレター化とは、この状況を逆手に取るテクニックです。

結局のところ、提案書を受け取る側は、何がポイントなのか上手に読み取れないまま評価をしていることも多いのです。

私たちの場合であれば、何がそのプロジェクトにとって大切なことなのか、会社の将来像をどのように描き、目の前のプロジェクトと整合性をとるのか、その時、比較検討すべきことが何なのかが、提案書を通じてクライアントに見えてこなければ、正しく評価されようもないのです。

ここに、提案書をラブレター化するヒントが隠されています。「この工程では、このような問題点をチェックする必要がある」、「このポイントでは、近年このような問題が起こっている」などという内容を、あらかじめ提案書に含み込んでしまうのです。一般には提案書を作る段階で省略されていることが多いのですが、そこを改めて、クライアント側の立場で考えます。彼らが知りたいことをできるだけ図表にまとめるなど、理解しやすくするようにし、説明する際も、できるだけわかりやすい一般の言葉で語れるようにしておきます。すると、相手には理解できますし、よく熱意も伝わります。いったん熱意が伝わったあとであれば、その後の提案も輝いて見えるのです。

このラブレター化には、もう一つのポイントがあります。提案書は、提案した時点で終わりではなく、そこから「独り歩き」を始めます。相手側の担当者から、直接の担当ではない関連社員へ、上司へ、経営者へ……。この時点で読む人は、プレゼンに参加すらしていないのです。

彼らが、無味乾燥な、理解しにくい提案書を読んで示す反応と、わからないことや一般的な疑問をフォローしながら作られている提案書では、断然反応が違ってきます。とくに、トップに直接訴える機会がない場合は、提案時の口頭の説明は通じません。ラブレター化することで、後からひっくり返されることを防ぐのです。

プレゼン開始直前の5～10分を生かす三つのポイント

すでに準備が終わり、プレゼン開始の直前になっていたら、そこからできることは多くはないと思うでしょう。また、つつがなくプレゼンを終わり、質疑応答の段階に移るタイミングは、少し肩の荷が下りるころです。しかし、私はこの二つのタイミングこそ、プレゼンの成否を左右する大切なものだと認識しています。

まず、開始直前に5分あったとしたら、何をするといいでしょうか。

一般的には、提案書をパラパラ眺めながら、プレゼンの流れをポイントごとに再確認し、キーフレーズを頭の中で繰り返し、相手の社名や人名を確認する……こんなところでしょう。今さら変更もできませんから、おさらいをメインにしておこうということです。

もちろんそれも大切なことではありますが、それは、あくまでもそれまでにしてきた準備を基本的に踏襲する行動であるともいえます。

ポイント①

私は、それまで集中して準備してきた意識をいったん解放し、心を空にしてパラパラ眺め始めます。テクニックとしては、今まで何らこの仕事に関わっていないまったく別の人になり切り、その視点で致命的な間違いや論点のズレなどを確認していきます。必ずいくつかのズレや小さな間違いなども発見されるので、伝え方を工夫して補正します。25年も提案の仕事をしてきたのに、残念ながら今でもそうしたことが起こっています。

お恥ずかしい話ながら、つい先日も、あるクライアントの役員会に提出する資料に書かれていた数字のミスを、その場に移動する車の中で発見してしまいました。見つかれば混乱必至で、慌ててボールペンで修正を入れ、事なきを得ました。

こうしたミス自体があってはならないのですが、集中しているとかえって見えなくなってしまうことがあります。最後の5分は、そうしたことに使ったほうがトータルではリスクを回避できると思います。続いて、さらに5分間の余裕がある場合の、より俯瞰的な使い方をポイント②と③で説明しましょう。

ポイント②

一般に、その提案書や資料を作成するのに時間や手間がかかるほど、作成者としてはどうしても詳しく説明したくなるもので、そのために全体のバランスが崩れてしまうことがあります。5分あれば、長すぎる導入部分や、専門家しか理解できないような難解な部分を説明から省いたり、どうしても必要であれば口頭でよりかみ砕いた説明の仕方を考えたりするなどして、流れをスムーズにもっていけます。ここで心がけるべきは、枝葉を取り除き、幹の部分をしっかり把握して残すことです。

こうしたチェックは、他人の作った提案書を使ってトレーニングするとより早く習得することができます。片っ端から提案書を見せてもらい、5分と決めてその内容をチェックし、大筋をとらえ、自分が説明するとしたら何ができるのか、何を省いたほうがいいのかをシミュレーションしてみるといいでしょう。

ポイント③

加えて、相手から出てくるであろう質問を想定しながら、それに対する回答を、しかも自らの説明のロジックに沿った答え方ができるように考えます。こうしたステップを経ることで、たとえ否定的な質問や、まったく想定していなかった角度からの質問が飛んできても、自分のロジックに引き込んで答えを提示できるのです。

そもそも、否定的な質問や想定外の質問は、多くの場合、自分と質問する人のなかで前提条件が違っていることが多いのです。質問者自身が勝手に設定した条件によっていたり、何らかの個人的な経験から発せられた質問だったりする場合があり、大半は、その条件の違いと条件を設定した根拠を説明することで解決できますし、事前に想定して対処することで、落ち着いて議論を正しい道筋に戻すことができます。

まず「やるべきことは何か」を問う

この章の後半は、会議や議論のあり方を通じて、話し合いをいかにＰＤＣＡの動きにつなげ、経験値を獲得していくかを考えていきます。

なぜなら、会議自体は相手の見えるなかでのコミュニケーションですが、会議で決めた事項は、自分とはもはや直接相対することのできない相手に影響を及ぼすことが大半だからです。つまり、会議がしっかり運営されている場合は、見えない相手もリモートコントロールすることが可能ですし、うまく運営できていなければ、その会議自体は終わったとしても、あとで重大な問題となって戻ってきます。ＰＤＣＡは当然に影響を受けるでしょう。

会議を運営するに当たって最も重要なことは、「やるべきことは何か」を問うことだと思います。これはＰＤＣＡのＣに相当する部分でもあります。

そんなの当然だろう、と考える方もいるでしょう。しかし、多くの会議の場では、すでに目の前に仕事が現れていて、それを早く手がけたい衝動にかられ、いかに作業を始めるかばかりがテーマになっています。

私たちの会社でも、こうしたことがないよう、できるだけ会議では何をすべきなのかを考えて臨むようにしていますし、後輩たちにも口を酸っぱくして伝えています。

その成果か、先日とてもうれしいことがありました。手前味噌なのですが、例として紹介させていただきたいのです。

ある大型プロジェクトで、クライアントからの変更要望が重なったため、施工会社から工事費を3％増額してほしいという要求がありました。たかが3％とお考えかもしれませんが、もとの工事費は約100億円ですから、実に3億円のアップになります。

私たちコンサルタントは、できるだけクライアントの要望をかなえるよう最善を尽くします。ということは、できるだけ要望を満たしながら、できるだけ工事費アップを抑制することが「やるべきこと」になるのです。

結論から述べると、そのプロジェクトを任せていた後輩は、約1％（1億円）の増額を認めてもらう線での調整に成功しました。

これだけを見れば、すべきことをうまくやり抜けたという評価が与えられるべきでしょう。しかし、本当にほめるべきポイントは別のところにあったのです。

クライアント内の、私たちの手が届かないところで意見のばらつきがあり、その調整のために工事費が増えざるを得なくなっていること、その状態を放置していれば、今後も似たような変更が重なり、工事費はさらに増えていく可能性があること。実はそのこと自体が問題の根源で、「やるべきこと」とは、クライアント内での意見調整と合意の形成であって、単なるコスト増額要求の抑制ではなかったのです。その後輩は、見えない相手の意思を考えながら、プロとして、何が最終的にクライアントのためになるのか、そのために今何をやるべきなのかをしっかり考え、クライアントとさまざまなレベルで打ち合わせの場を設け、意思決定のスキームを再構築し、その結果として1％の増額でまとめることができたのです。その後、プロジェクトはスムーズに進行していきました。

もし、単に施工会社の希望どおりの増額要求をクライアントに伝えていたら、あるいはもし、工事費の交渉だけを進めていたら、おそらく再びプロジェクトは止まってしまっただろうと思うのです。

端と端を押さえると、やるべきことが見えてくる

何をすべきなのかを自らに問い、答えを見つけることは、実際にはとても難しいことです。前の章で私が生命保険会社に転職した話を述べましたが、その選択を後押ししたのは尊敬する先輩からの、

「物事の端と端を押さえれば、答えは必ずその間にある」

というひと言でした。

設計者とオーナー。同じ建物に関わる仕事でも、立場や目的は正反対で端と端。実際に今の仕事にも大いに役立っています。

何をすべきか答えを見つけたい時、あらゆる可能性をすべて検討することは不可能ですし、私はそうする必要があるとも思えません。その代わりに、「端と端を押さえる」ことをお勧めしたいのです。

端と端をそもそもの目的や正しい条件をもとに設定すると、その範囲外のことは考える

必要がなくなります。何かの答えを導き出したい時、あれもこれもと思いつきでいろいろな想定が浮かび、それぞれ検証が必要に思え、結果としてつらい消耗戦になるケースがよくあります。建物に関する計画と投資でいえば、土地があるからビルを建てようと考えても、その場所が繁華街なのか、オフィス街に隣接しているのかで、どんなビルを建てるべきかの方向性は変わるでしょうし、どこまで投資できるかによっても変わってきます。正しく設定した「端と端」があれば、こうした前提なしに議論が始まり、話が散漫になったあげくかみ合わなかったり混乱したりすることを避けられます。

もちろん、あなたの所属している業界や仕事に関する「端と端」が何かについては私にはわかりません。ただし、私の経験からいえば、両方の「端」は条件を明確に、できるだけ厳密に設定することを強く勧めます。あいまいさが残れば、どこに正解をプロットしていいか、あとからわかりにくくなるからです。いきなり正解の「端」が見つかるわけではありませんから、当初は見込みでかまいません。

次の段階では、その見込みをもとに真ん中あたりにくるポイントを仮の「すべきことの正解らしきもの」に設定し、それに対して詳細に議論を行い、検討すべき正解を一つもしくは二つ程度に絞り込むことです。これは大人数で意思決定をする時に欠かせないプロセスであり、うまく使うことであとからの「どんでん返し」を防ぐことができます。そのためには、「端と端」の設定の時点から、参加者の多数が合意している必要があります。あとから「端」が動いて、真ん中にある正解は別のところだった、となるのは最悪で、まったくの逆効果になってしまいます。

他者同士のトラブルの火種は、放置しないでいったん持ち帰る

会議の席上にはさまざまな登場人物がいます。私たちに責任がなくても、他者同士のそりが合わなかったり、感情的なしこりを引きずっていたりすると、コミュニケーションの問題が生じますし、PDCAを止めかねません。なぜなら、トラブルはさらに見えない相手にもどんどん広がって、悪い影響を与えてしまうからです。

こうした、会議での「火種」は、なるべく早期に行動し対応することが原則です。

私たちが参加している、あるプロジェクトの会議でも、クライアントの二つの部門が主張を対立させていて、なかなか意見がまとまりませんでした。どうやらそれは、互いの部門が抱えてきた過去のトラブルをいまだに引きずっていて、本来関係のない今回のプロジェクトでも、必要以上に反目し合っていることが原因のようでした。

対立した意見を把握した上で、私は思い切って、

「この件に関しては、一度私が考えて提案するということにさせてください」

という格好で引き取りました。そうしなければ先に進めないから仕切らせてほしい、という意図として受け取られたはずですが、その会議に参加していた同僚からは、あまり面倒なことに首を突っ込まないほうが……、と心配されました。

しかし、私はそこでトラブルの火種を放置したくなかったのです。放置したままでは、私たちのＰＤＣＡに悪影響を及ぼしますし、燃えさかってから消火し、正しい方向に戻すのは大変な作業になります。そこで、善意の第三者の立場で持ち帰り、提案しようと考えたのです。

何とも面倒な話で、あまりかかわらずに早く結論を出して次に進みたいと誰もが思うでしょう。しかし、そのためにはどちらかの面目を潰さなければならなかったのです。コン

サルタントである私たちが、対立する二者のどちらかに肩入れしたように取られることは得策ではありません。私はこのような時はその場で答えを出さず、一度預かった上で提案することをルールにしています。

次の会議では、

「前回の両者の意見を私なりに咀嚼《そしゃく》し、大切なことが何かを考えてみた結果として……、このようにすべきと考えます」

こんな言い方で「提案」らしきことをします。

実際問題、この場で提示する答えそのものは、対立する二者のどちらかの案だったり、もともとの自分の案とさして変わらなかったりするかもしれません。しかしそれでもいいのです。大切なのは、一度しっかりと相手の考えを検討して回答するという姿勢です。きちんと熟考されぬまま否定されたとは、相手は絶対に考えたくないのです。

また実際には、預かったトラブルを持ち帰ると、これまでとは違った視点で頭を整理することができ、よい考えが浮かんでくることもあります。これはとてもありがたいことで、この時は当然その新しいアイデアを提案します。私は、このような可能性を大切にしたいからこそ、一度預かることをルールにしているのです。

こうしたプロセスのなかで、とげのある意見は、間に入った自分が思考する際に中和し、あるいは言い方を工夫して中和して聞こえるように、相手に届け直します。これは結局すべきことが変わらなくても、感情的なしこりを意見からそぎ落とし、火種を消してしまう効果があります。行動は即座に、しかし火種は時間をかけ、両者の間に入って、そっと消してあげることこそ有効なのです。

ゴールまでの「道筋」は複数用意しておく

会議はゴールに向かう大切なプロセスですから、ＰＤＣＡのＰにあたるゴールへ向かう道筋を会議に向けてしっかりと準備することは、基本中の基本といえます。

しかし同時に、会議の準備には、不測の事態に備えることも大切です。とくに、何かを提案する場合、それがすんなり受け入れられることはかなりハードルが高いのです。たくさんの人たちと協働して仕事をするに当たり、一人の凡人の考えどおりにいくはずはない、という心構えでいてちょうどいいと思います。

私は、会議に当たってはその「道筋」を複数準備すべきだと考えています。計画をしている段階から、議論は楽観と悲観を行ったり来たりします。そこで、「端と端を押さえる」ことを説明したとおり、両端の間あたりで、複数の道筋を準備しておくと安心です。

これは、ちょうど大人数の団体旅行を率いるようなものです。参加者にはさまざまな意見があり、希望があります。一方で旅行先ではトラブルや思わぬ混雑などの予想外の出来事がつきものです。

こうしたさまざまな要因が絡み合ってもなお、できるだけ参加している旅行者を満足させながら予定どおりにゴールに送り届けるためには、複数の道筋を考えておくことが必要になります。代案や迂回ルートをいくつも考慮し、現場ではベストと考えられるルートで進めます。私の仕事も、ツアーコンダクターと似ています。ただ単に、扱っているものが施設建築か旅かの違いだけです。

ですが、私たちの関わるＰＤＣＡは、ツアーコンダクターとは異なり、一人で行うわけではありません。仲間もいれば、会社もあります。責任感が強いと自覚している人ほど、一人で問題を抱えて何とかしようと考えてしまうかもしれませんが、それは間違いです。複数の道筋は、複数人で考えを出しあって準備すればいいですし、そのほうがよりよいものになります。周囲に正しい状況を伝え、代わりに複数の道筋を提案してもらうことが、結局は見えない相手までも納得させる、懐《ふところ》の深いＰＤＣＡの原動力になるわけです。責任感は、力をうまく引き出すことに向けるといいでしょう。

見えない危機の管理は「違和感管理」で乗り越える

危機管理とはよく聞く言葉ですが、危機とは、つくづく見えない相手そのものだと感じます。危機になってからでは遅いのですが、それはなかなか危機という形では見えてきません。そこで気にかけてほしいのが「違和感」です。危機管理は、いうなれば「違和感管理」だと私は考えています。

私は、複数のプロジェクトを抱えていて、個別の案件に深く関わることが難しくなってきています。しかし責任者として、それぞれのプロジェクトの状況は常に把握していなければなりません。しかし、体は一つ、時間も有限ですから、最初のうちはどのように状況を把握したらいいかわからず、ずいぶんと悩んだものです。このような経験はおそらく管理職に共通したものだろうと思います。つまるところ、この手の悩みを解決するには、自分の「違和感」にこだわることが重要だという結論に至りました。

先日、あるスタッフがクライアントとの打ち合わせから帰ってきて、

「お客さまからほめられちゃいましたよ！」

と笑顔で教えてくれました。「すごいじゃないか」と反射的に答えながらも、私は少し違和感を覚えました。私が知っている限り、クライアントが手放しでほめてくれるような状況ではなかったからです。そこで、何をほめられたのか、どんなシチュエーションだったのかなどを確認しました。

そして、喜々として語るスタッフの言葉を受け止めながら、頭の中では、プロジェクトの困難の度合い、全体のスケジュールから見た現在のステイタス、そして「ほめて」くれ

た担当者の性格など、さまざまなことを考え、自分の違和感がどこからきたのかを探りました。

実はその担当者は気難しいタイプで、あまり表立って人をほめるようなことをしません。しかも、今は、プロジェクトの進行が遅れ出し、回復の改善策を首を長くして待っているはずです。ほめられたと語るそのスタッフはまじめな人間ではあるものの、まだ若く、相手の気持ちを推し量るだけの経験値もなく、進行の遅れについて相手としっかり相談した形跡がないことが気になりました。

結局私は、クライアントの担当者はそのスタッフを認めながらも、どこかに苛立ちを感じていて、爆発しかねない状況だという予想を立てました。そして、私は自ら会いに行こうと決断し、そこにあるかもしれない火種を消すことにしました。

ここでいう違和感とは、非科学的な「直勘」とは異なります。個人的な感覚なので説明が難しいのですが、違和感を覚えたら、その感覚を「時間」と「人」の視点で分析することを心掛けています。

この例では、「時間」とはスケジュールに遅れが生じていることですが、「人」とは、気難しい担当者がこの問題に対して発言しておらず、スタッフもその状況を認識していない、ということです。そのため、問題が解決するめどは立っておらず、このままでは爆発しかねない、という分析結果が浮かびます。

報告を受ける際、常にこうしたフィルターを通す感覚を持ち、経験を積み重ねることを勧めます。より大きなPDCAを、できるだけ安全に回せるようになるはずです。

どう手をつけていいかわからないなら、まずは「わかる範囲」でやってみる

見えない相手というのは、結局のところ見

えている相手以外のことすべてを指すので、ほぼ無限大ともいえます。新しい仕事、経験のない事象も同様です。

そんな時、私たちは、どこから手をつけていいかわからなくなり、途方に暮れてしまうかもしれませんが、まずは、「わかる範囲」で対応することをお勧めします。

あなたの普段の仕事を考えてみてください。何気なくこなしていますが、実は日々、どこかに新しい要素が含まれています。おそらく、わからない部分には仮説を立てたり、そのまま放置したりするなどして、わかる部分に重きを置いて仕事を進めているはずです。

こうした、「わかる範囲」に着目して進める方法は、実は「わかる範囲」が非常に少なくても、そのまま活用することができます。ただし、応用にはプラスアルファのテクニックが必要です。実はこの本で述べてきたさまざまなアイデアこそが、そのプラスアルファのテクニックで、いろいろな角度からお伝えしてきた内容そのものです。適切に使えば、少ない知見で大きな仕事を回すことができます。

基本的なやり方を説明しましょう。まずこれまでどおりわかることだけに注目し、たとえどんなに少ない手持ちのノウハウでも、目の前の課題に当てはめてみます。本書で述べたこともぜひその中に加えてください。そして、そこを起点としてシミュレートをしてみます（①）。

結果的に何が起こりそうか、周りの動きはどうなるかを予想することで、何らかの手がかりが見えてきます。ここがスタート地点です（②）。

次に、この先に起こると予想される出来事を、希望的観測も含めて、ＰＤＣＡの「Ｐ」として書き出してみます（③）。そして「一人プレス発表」（74ページ参照）を行ってみるのです。到達点としてどこを目指すのか、その仕事の社会的意義は何か。細かな手順を積み上げるのではなく、仕事の枠組みに当たるより大きな要

③

予想されることをＰ（計画）として書き出し、「一人プレス発表」を行う→手持ちのカード（手がかり）が効果的な武器になる

④

「３人の他人の力」を活用して、技術やノウハウを補完し、検証する

素から定めていくのです。こうして重ね合わせていくと、わずかながら手元に持っていた手掛かりが、効果的な武器に変わっていきます。その理由は、大外れの検討に時間を取られるリスクを回避できること、そして、手元の武器と到達すべき目標の間に線を引くことができて、これからどの方向にその武器を使うべきか、また不足するリソースが何で、その対応をどうすべきかも示されるようになるからです。

　ここまで来たら、あとは実行に移すだけです。そして、「3人の他人の力」（82ページ）を活用し、まだあなたが手に入れていない技術やノウハウを補完しても

図5
「わかる範囲」に着目して進める方法

①

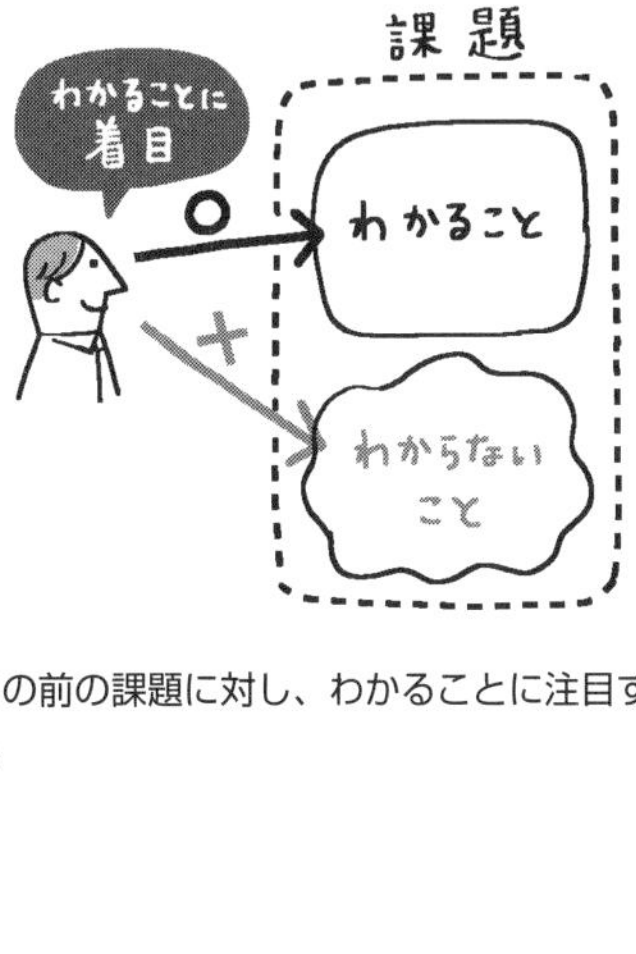

目の前の課題に対し、わかることに注目する

②

手持ちのノウハウを課題に当てはめてみると、手がかりが見えてくる

らいます。

第4章のまとめ

大勢を相手にしたプレゼンや会議では、ディフェンス重視でNOと言わせない戦略を重視する。

プレゼン直前の5分が大切。客観的に提案書をみつめ、大切な骨子が伝わるようにムダをそぎおとす。

常に「やるべきことは何か」を考え、正しく「端と端」を設定し、正解を効率的に賢く絞り込む。

すべてが思うようにいくはずはない。ゴールまでの道筋はあらかじめいくつか用意する。

どこから手をつけていいのかわからない仕事も、「わかる範囲」からスタートする。

第5章

上級編

地域、社会、そして世界を相手に仕事力をグレードアップ!

地域、社会、そして世界を相手にして飛躍するために

ＰＤＣＡを自分の力で回すことができるようになったあなたが、改めて周囲を見渡すと、レベルが低かった時には見えなかった相手の存在に気づくはずです。ビジネスの世界では、会議の参加メンバーでもない「相手」が、それも「人」ですらない存在さえもが、カギを握り、重要な役割を演じています。

この章は決して長くはありませんが、相手としては最高レベルの「ラスボス」と向き合うための上級編です。

たとえば、目の前にいる相手と良好な関係を築き、提案への反応もよかったのに、なぜか次のステップに進めなかったり、あとからひっくり返されたりする場合があります。そんな時、あなたはこの「見えない相手」の存在に気づくことになります。

まず意識すべきは、目の前にいる相手の背後に存在する「相手」です。すなわち、相手の上にいる経営者です。当然の話ですが、彼らは社内の意思決定に強力な影響力を及ぼし

ています。

ただし、それならば第4章までの内容で対応できるのではないかと考える人もいるでしょう。無理もありません。彼らは「人」だからです。

しかし、見えない相手はもう一種類、あるいはもう一段高いレイヤーも存在します。それは、経営者たちが日々向き合っている「相手」です。すなわち、相手にとってのクライアント、もっといえば、顧客であり、広く社会を構成している消費者であり、地域、社会、そして、その先の世界すべてです。

こうした存在を、面倒くさいと思うことは無理もありません。なにせ人ですらないのですから。

しかし、あなたがさらに成長を目指し、最終段階を目指すためには、こうした見えない相手のことを知り、対応方法を身につける必要があります。

そして、見えない相手までを巻き込めれば、PDCAは今までとは比較にならないくらい大きく回り始めます。そこから得られる経験値、そして達成感は、ビジネスパーソンとしての私たちが「なぜ働くのか」を明確に悟ることのできる、とても素晴らしいものになります。私たちは、今そこへと向かうための、最終段階に立っているのです。

まずは「見えない相手」をプロファイリングする

目の前にいる相手に何かの提案をすれば、何らかのリアクションが得られます。そこで、そのリアクションを観察、判断し、提案の内容を補足したり、かつて提案したものを修正したりして、相手との合意が得られるように努力します。

ところが、その相手が見えない場合、直接語りかけることはできず、手の打ちようがないように思えます。まず私たちは、こうした見えない相手のプロファイリングをする必要があります。

先ほど述べた「上司」、「経営者」、「相手の会社のクライアント」、「一般の消費者」、「地域、社会、世界」といったセクターの関係を、まずは図で示してみましょう（図6参照）。

上司やその背後にいて大きな影響力を有する人は、私たちの立ち位置からは見えません。もちろん、直接アプローチする機会も滅多にありません。

そこで、ここまでで会得してきたテクニックを使いながら、彼らの考えを想像するよう

図6
「見えない相手」の関係図

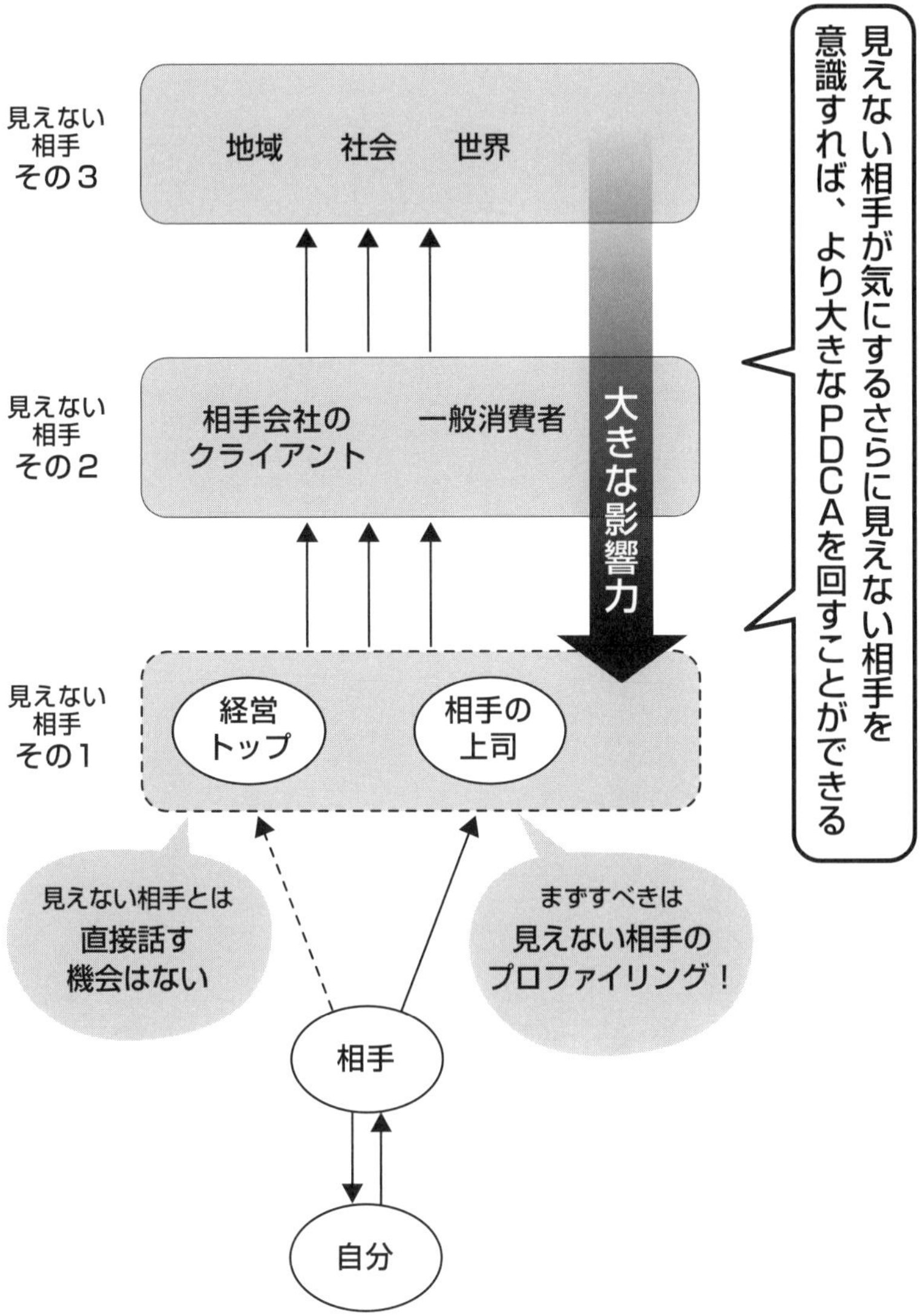

試みます。しかし、大きな影響力を有する人は、たとえば私たちが推進しているプロジェクトのPDCAを、それ単体では見ていません。自社の経営戦略、自社の企業理念、そして自社が存在している意味を日々考えているなかで、そこにどう貢献するかという視点こそが、判断のポイントになります。

その例が、本書ですでに述べた、本社建て替えに当たって「神社を造りたい」と希望した経営者のケースです。

私たちは、そのプロジェクトの定例会議で、経営者ご自身と話し合いを重ねていたわけではなく、当初面識はありませんでした。

プロジェクトが進行していく途中で、私の感覚としては唐突に、トップが「神社を造れ」と言っているという話を担当者から聞かされました。その真意が私にわかるはずもなく、しかしこうして会議の場にテーマとして出てきた以上は見過ごせる冗談とも思えず、混乱してしまいました。

しかし、経営者の想いが、地域経済の発展を担っている有力企業として、社会貢献したいというものだったことに思いが至った時、私の視点も大きく広がりました。経営者は本社建て替えを、そのプロジェクト単体ではなく、地域社会のためにどう活用できるかという視点で考えていたのです。おそらく、そうした高い視点を持っている人が世の中にはたくさんいるのに、未熟だった私には見えていませんでした。

ということは、私自身が私のPDCAを動かす上でも、同じようなことができるし、またすべきなのではないだろうか。それによって、自分自身もより成長できるのではないか。視点を変えるだけで、もっと気分が沸き立つような働き方ができるのではないか。そんな気づきを得ることもできたのです。

一挙に視界が広がった感覚でした。

「見えない相手」の背後にいる「さらに見えない相手」を知る

私たちは今、自分の仕事を動かすためにPDCAを回しています。そこに、「見えない相手」のさらにその先に存在する「さらに見えない相手」を意識することで、仕事のストーリーは深まり、より大きなＰＤＣＡが回り始めます。

「見えない相手」である経営者のような人たちが気にしているのは、私たちにとっては「さらに見えない相手」です。それは、私たちが直接関与することはないクライアントの顧客であり、また、クライアントを営利企業として存在させている社会そのものです。

私たちの仕事でいえば、プロジェクトとは、どんな建物を、どのくらいの期間でいくらくらいのコストをかけ、どんな手順で滞りなく竣工に導くかが表面的な内容です。冷たい考え方をすれば、建物さえミスなくできて、引き渡してしまえば話はそれまでです。

しかし、建物を発注するクライアントは違います。建物が完成してからが本当のプロジェクトなのです。その建物が存在することで、どのように価値を発揮し、顧客に喜ばれ、地域を賑わせ、そして社会に貢献していけるのかを考えています。

ということは、少なくとも会社の心臓部にいる人たちが、そういう彼らの関心事より、私たちが今動かしている仕事の内容を優先して考えることはあり得ないし、あってはいけないのです。

皆さんにも専門分野の知見があって、それぞれのジャンルで仕事をしています。その会社の経営をしているわけではありません。したがって、目の前の仕事を着実に遂行する一方、そんなプロジェクトをとらえるような視点は持たなくてもいい、という考え方もできるでしょう。もっとも、相対的にプロジェクトが小さなうちはそれでもいいと思うのですが、やがて成長を重ね、大きな現場で仕事をすればするようになればなるほど、「見えない相手」が気になって仕方なくなります。

なぜなら、私たち自身もまた消費者であり、地域や社会を構成している一人の個人だからです。内側に入ってしまうと気の遠くなるような話に見えたとしても、外側から一般消費者の視点で企業を見てみると、やはりエンドユーザーや社会をしっかり考えている企業には親しみを抱きますし尊敬もします。ブランドにロイヤリティを感じます。ということは、私たちもクライアントとともに「さらに見えない相手」を意識することで、裏方に回り、素晴らしい仕事のお手伝いができるのです。

エンドユーザーの思いをつかむ二つのアプローチ

ではまず、エンドユーザーの想いをつかむ方法から述べていきましょう。

そのアプローチは、大きく二つに分けられます。一つは、エンドユーザーとしての自分自身の個人的な想いを取り込む方法。もう一つは、個人的な想いをすべてそぎ落とし、大きな考え方を導き出す方法です。

まず、個人的な想いを取り込む方法を例とともに考えます。

たとえば、あなたが頻繁に飛行機を利用するユーザーだったら、長いフライト時間を快適に過ごすために必要なシートや照明のあり方について、自分の考えを主張することは難しくないでしょう。こうすれば機内でも仕事が続けられる、リラックスしたい時にはこんな設備やサービスがあったらいい……、など、いろいろな意見が出せるはずです。

このように、自分が関わっているプロジェクトに関しても、自分自身を一人のエンドユーザーとして置いてみて、その考えをもとに切り口を見出し、ソリューションを提案することができるはずです。

もっと詳しい情報が必要であれば、周りのユーザーにヒアリングすることなどで十分補完できるでしょう。

一方で難しいのは、自分の置かれている環境や経験から遠く離れたエンドユーザーの想いをイメージすることです。たとえば、私が実際に担当したもので、高校校舎の建て替えというケースがありました。今の高校生がどんな気持ちで校舎を使うのか、なかなか想像だけで補うのは難しくなります。

うまく対処するには、まず身近な誰かになってみます。第2章で「3人の意見を聞く」というテクニックを述べましたが、キャラクターが異なる3人を、頭の中で作り上げてみるのです。すると、これまで想像もしたことがなかったエンドユーザーの想いも手に入れることができます。それをベースにして、提案や企画の骨子を作り上げるのです。

高校の新校舎建替えのプロジェクトでは、実際に進行するに当たって私の想像をもとに、さまざまなヒアリングの機会を設けて、想いを汲み取りながらプロジェクトを進めることができました。個人的にもとても刺激的でしたし、現役の高校生のなかに「未来の後輩のためにいい校舎を残したい」という想いがあることを知り、胸が熱くなりました。

相手の会社の社会的な意義を提案の起点にする

さて、経営者に代表される「見えない相手」は、一般に強力な決定権を持っています。そして、彼らは決定権を持っているが故に、彼らにとっての「見えない相手」と日々戦っています。

すでに見てきたとおり、エンドユーザーや一般消費者、地域や社会という存在は抽象度が高く、これまでの考え方ではうまくいかないケースが大半です。

私たちは、時にPDCAを回すため、こうした「見えない相手」に真正面から向き合い、彼らに届く文脈で提案をしなければなりません。

その際重要なポイントになるのが、その会社の社会的意義を考えることです。会社によって扱う商品やサービスは異なりますが、どの会社も自らの得意技を使って、自社の社会的な意義を果たしていることに違いはありません。そこをきちんと把握して、判断の基準に置くようにします。

経営者でもないのに、いきなり社会的意義などわからない……。と悩む必要はありません。およそ企業であれば、ホームページや会社案内に、「経営者のメッセージ」や「企業理念」「ミッション」「ブランドヒストリー」などの形で、その会社がなぜ設立され、何を大切にし、これからどのような考え方と方法で社会に貢献していくのかが、その会社の文脈で書かれています。

これを参考にしない手はありません。絶対に間違いようのないポイントが明確にわかるからです。しかも、その企業にいる誰もが否定しづらく、同意を得やすい話になります。

つまり私たちは、それに則った形で、その社会的意義に沿って企業を伸ばしていくために提案をすればよいのです。そこから類推できる企業の未来に対して何が貢献できるのかを、自身の言葉で語ることに重きを置けばいいのです。私たちの知見はどのようにその企業の社会的意義に役立つかどうか——。初めに提案するべきは、そこなのです。

このステップなしに、いくらスペックや価格を切り札にして提案しても、「見えない相手」

の心は決して動きません。そして、「社会的意義」を常日頃意識して仕事をしている人たちです。中途半端な解釈であればすぐに気づかれます。

自分なりの考え抜いた結果が問われることは言うまでもありません。反面、「見えない相手」からよく考えてくれていると評価してもらえれば、具体的な提案の内容も共感を持って受け入れてもらえます。

また、企業理念から導き出されたコンセプトを語ることには、もう一つ隠れた大切な意味があります。プロジェクトが実際に走り出したあとで起きるさまざまな問題に取り組む際、最終的に立ち戻るべきところ、最終的に変えてはいけない価値を、お互いに共有でき

るのです。したがって、何かトラブルになっても、決して泥沼にはまることはありません。プロジェクトの「社会的意義」というと、一般に抽象度が高い議論になりがちで、当たり前の話のように思われるかもしれません。しかし、私たちは自分の正義を語る必要があるわけではなく、相手の考える社会的意義を整理し、そこに寄り添うことを相手目線ですればいいだけです。

「見えない相手」に響く提案書づくりのポイント

「見えない相手」に届く、効果的な提案書の作り方があります。

まず押さえておきたいのは、その提案書が「見えない相手」に届く時、あなた自身はその場にいられず、誰か（多くはその企業の担当者）の手に託されるため、直接説明、弁明する機会を与えられないであろうということです。

そこで、留意したいポイントは次の三点に集約されます。

（1）とにかくシンプルにストーリーを語る

作成者が説明の現場にいない局面では、より効果を発揮します。

あなたが説明を託す相手が、あなたの伝えたいことをすべて記憶し、一言一句間違わず、しかもイメージどおりに説明することを期待するのは、さすがに無理があります。

とくに、私たちの携わる建築の世界において、さまざまなスペックや数字、技術上の論点などをいくら丁寧に説明しても、私の経験上は、7割程度に目減りして伝わると考えてちょうどいいくらいです。だからこそ、資料はスペックにこだわりすぎず、シンプルなストーリーにまとめ、説明者にはわかりやすくインプットしておくことが大切です。

（2）メインの主張がひと目でわかる

提案書を丁寧に作りすぎると、案外見落としてしまうのがこのポイントです。内容が正確で、よく読めば大変苦労したことがわかり、しかも的を射ている提案書なのに、その提案書が最も主張したいことが何なのかがぼやけてしまい、結局伝わらないまま終わってしまうのです。

予備知識のない人がひと目で理解できる長さで、その提案書の最も大切なポイント、自分だからこそ提供できる価値が何なのかを、はっきりと、そして真っ先に示してください。

（3）大人数をイメージする

「見えない相手」は、見えない以上、いったいどういう存在なのかは事前にわかりません。ただ、提案書という段階では、その企業の担当役員や経営者などを想像して作るケースが考えられるのではないでしょうか。

しかし、こうした特定の相手を想像した提案書はお勧めできません。

私たちの手を離れた提案書は、どこをどのように回り、どんな人の目に触れるのか、まったくコントロール不能です。独り歩きする書類に対しては、人の目に触れれば触れるほど、重箱の隅をつつくような指摘が増えていきます。特定の相手をイメージして決め打ちをしてしまうと、かえって妨害を受けたり、つまらないミスを発端として、すべての内容が疑われてしまったりすることも起こりかねません。

あまり考えたくないことかもしれませんが、大きな企業には派閥争いや出世競争があることが少なくなく、私たちはそこに直接関われる立場にはありません。だからこそ、誰の目に触れても公平、公正で、データに基づいた提案書づくりを心がけてください。

入門編　初級編　中級編　上級編　超上級編

さらに見えない相手「ラスボス」を意識すれば救われることも

企業理念や社会的な意義をもとにすると、私たちの意識もまた、必ずといっていいほど「さらに見えない相手」へと広がっていきます。

私たちはクライアントのために仕事をしていますが、実はそれだけではないこと。今目に見えている仕事のその先に、まだこの仕事のことなど知るよしもない普通の人がどこかにいて、私たちの手を離れたのちに建物と出合うかもしれないこと。そんなことに、考えが回っていくようになります。

私たちの仕事は、こうした点では達成感の高い業種かもしれません。関わった建物が長く街の中に残り、さまざまな人に使われ、思い出を共有したりしながら、ゆっくりと社会に貢献し、新たな価値を創出していく様子を、その気になればいつでも見に行くことができるからです。

大規模な建築プロジェクトでは、たくさんの事業者が「いい施設を造ろう」という同じ目標に向かって協業しながら個々の仕事に邁進《まいしん》します。誰もが一生懸命に取り組むことは共通していますが、それでも時には立場が異なるために利益相反が発生し、調整が必要になります。また、同じ会社であっても部門が違い、与えられた役割が異なっていれば、意見の対立も起こります。

このように最終的な目標は同じでも、そこに至るＰＤＣＡにはさまざまなことが起きます。時には止まってしまうこともあります。

そんな時、私たちを奮い立たせてくれるものが、実は「さらに見えない相手」であるところの、地域や社会、世界という存在です。そして、そのために私たちは何ができるのか、というミッションです。

細かなトラブルも、愚かなミスも、アンラッキーな出来事も起きるのが仕事です。そのたびにＰＤＣＡは止まり、私たちは一時停止を余儀なくされます。

しかし、そんな時であっても。「さらに見えない相手」を意識し、大切にする心があれば、その想いがかえって、自分を救ってくれるような気がするのです。

結局、PDCAを止めてしまうのは、自分自身です。何で彼らはわかってくれないんだ。こんな状況では成長できない、自分は摩耗《まもう》していくばかりだ……。こんな気持ちでいたら、回るはずのPDCAも止まってしまいます。

そんな時、ラスボスである「さらに見えない相手」が救いの手を差し伸べてくれるのです。この仕事にはどんなミッションがあるのか、広く世の中に世界に、どんな形で貢献できるのか。自分の取り組みのよりどころや、与えられているチャンスを、思い出させてくれるのです。

さまざまな業界の人たちと仕事をともにする機会を得られた私が得た大切なものの一つに、こうした考えを持つ人は、案外いろいろな分野、業界、企業にいるという実感があります。彼らと触れ合い、時には協業し、時には刺激を与え合うこともまた、「さらに見えない相手」の重要性を明確にさせます。

そんな気持ちで仕事ができるようになれば、もう経験値は放っておいても、どこからでも積み重なるはずです。そして、能動的で刺激的な仕事を、社会のために進めていけるはずです。

私たちの会社でも、建築のコンサルタントという仕事柄、どう手をつけたらいいかわからないような仕事がたくさんあります。そのため、プロジェクトメンバーの一人ひとりは常に見えない相手を意識しながら仕事をしています。

同じ本社ビルを建てるのでも、業種・業界が違えば、クライアントの考え方は異なり、目標とする地点も、そこに到達するために必要となる知識も異なります。私たちは多数の事例を知り、知見を持っているエキスパートですが、それでも毎回、すべてのプロジェクトで未知の領域に足を踏み入れています。これは、私たちが単なる技術者の集団ではなく、施設建設をコアとしてクライアントの経営をサポートする「施設参謀」の役割を担っているからです。

したがって、私たちはしばしば大きな壁に直面しますが、稼働しているプロジェクトのミッションやコンセプト、仕事の一連の流れ、そして解決されていない課題、必要とされているノウハウを常に書き出し、全社員で共有できるよう掲示しています。

そのため、誰かが何かの課題に直面した時は、ほかのスタッフが力になれるようサポートする体制が自然とでき上がっています。また、こうした交流をきっかけに、イノベーティブなアイデアも個々人の頭の中だけに留まることなく、集まり、共有される仕組みになっています。

これらが自然とできるのは、常に一人ひとりが「さらに見えない相手」を考えているからなのです。ラスボスは、個人だけでなくチームにもとっておきの経験値を与えてくれる存在なのです。

第5章のまとめ

目の前の相手の向こうにいる「見えない相手」を捕捉して対応すれば、ＰＤＣＡは大きく、どんな時でも力強く回る。

経営者など、見えない相手の心をつかむには、その会社の顧客である地域や社会、つまりはエンドユーザーを考える。

「見えない相手」に響く提案のポイントは、シンプルなストーリーと、わかりやすさ、そしてデータに基づく根拠づけ。

地域や社会、世界という「さらに見えない相手」ラスボスこそが、あなたやチームが目指すべきミッションを思い出させ、奮い立たせ、困難なＰＤＣＡを動かす力となる。

第6章

超上級編

「正解」がない仕事で成果を出すための賢いテクニック&アイデア

プロフェッショナルなら解を出し続けるための武器を持とう

すでに「ラスボス」を征服できる実力を手にしたのですから、本書はここで閉じていただいて何ら問題はありません。

その上で、最終章となるここでは、いわば「超上級編」として、PDCAをぐるぐる回し、経験値を稼いでいくテクニックとアイデアを、あくまで私自身の経験に基づいてピックアップしました。

したがって、すべての内容に賛同していただく必要はありません。ケーススタディ的に述べていきますので、目につくところ、関心があるところがあれば実践してください。

さて、第5章までで学んできた技術や考え方を身につけていくことで、あなたはすでに、周囲からも大きな信頼を寄せられ、優秀だと評価されるようになっているはずです。

ところが、喜ぶべきことなのか悲しむべきことなのかわかりませんが、仕事のレベルには上限というものがありません。密かに自信がついて「もしかして、無限に仕事ができるようになったかな?」と一瞬感じるようになった頃に、なぜか、よりレベルの高い仕事の依頼がやってくるようになります。

私の場合も、建築士から転職して建物を運用する立場になり、さらに転職して現在の会社で建築のコンサルタント「施設参謀」へと変わっていきました。立場が変わるにつれて、仕事はますます難しくなっていきました。その上、今の私には、建築のコンサルタントという職種では想像できないような、より経営的な相談も舞い込んできます。

すでに述べたとおり、建物を造るという行為が企業経営の根幹に関わってくる以上、単なる建築プロジェクトという枠を越えて、クライアントのビジネスプロセスの領域へと踏み込んだ相談にも、対応することが求められているのです。建築士だった頃には想像もつきませんでした。

こうしたレベルの高いオーダーに共通するのは、「自分にしかできない」仕事や対応を求められるということです。

この手の依頼者は、相手(私たち)を値踏みした上で、簡単には越えられない、なかなかに高いハードルの依頼をしてくるものです。時には、私ならできると確信をもって依頼しているのではなく、適任者が見つからず困ったなかで、わずかな可能性を見出して頼んでくるという、ありがたいのかどうか少し考えたくなるような難しい話もあります。

実際、私が手がけるPDCAがうまくいくかどうかはやってみなければわかりませんし、どうにか信念だけで前に進めようともがいていることもあります。

相談してくれた相手も明快に正解がわからず困っていることもあり、プロジェクトが終わった時に、「そうそう。こういうものがほしかったんだ。これが正解なんだ」と、形になって初めて相手が答えを確信するというケースもあります。

こうした状況において、それでもプロフェッショナルとして期待されている以上は、ただやり抜くだけでなく、独自の解を出すことが求められます。

「こんな状況だけど、あなたなら何とかできますよね？」

「よくある当たり前なものじゃなくて、あなたにしかできない、とっておきの突き抜けたアイデアがほしいんです」

こんなスタンスで、相談を持ちかけられるのです。普通の人と同じことは求められなくなり、まずまずのアウトプットを出しても、予定調和とか、期待外れとすら感じられてしまう。自分に対する期待値が一段上に変わっていく瞬間です。

ただ、ビジネスにおける真の自由な状態とは、もしかしたらこのようなものなのかもしれません。やり方も決まっていませんし、結果が出るまでは文句をつけてくる人もいません。しかし、どうやるかについてはゼロから自分で決めなくてはいけません。

マニュアルもなく、正解がわからないまま進まなくてはならない時、私がどんな武器を使っているのかを、具体例を交えながら述べ

ていきましょう。

誰でもできる！二つの「そうぞう力」でストーリーを描く

私には、正解がわからない時に真っ先に使いたくなる武器があります。「そうぞう力」です。

私は普段からチームのメンバーに向かって、ことあるごとに「二つの『そうぞう力』が必要なんだ」と口にしています。聞かされているほうは、いい加減うんざりかもしれませんが、私はとても大好きな言葉です。

一つ目は「想像力」。

相手の反応、言動、雰囲気を読み取り、相手にとってよりよいゴールを頭に描くのが、私がいうところの「想像力」です。日々の仕事に思いを巡らし、相手の立場にも立って、しかし、既存の枠にとらわれずに少し先の未来について考えてみる。誰もがちょっとした訓練で、ビジネスの世界で役に立つ想像力を身につけることができます。

この想像力は、あくまで自分の頭の中で生かせる力です。まれに人並み外れた想像力の持ち主がいたとしても、ビジネスではそこまで必要とされませんし、それを他人にもわかるように見える化できなければ、結局は宝の持ち腐れです。

そこで、想像力を見える化し、具現化に導くために必要になるのが、もう一つの「そうぞう力」である「創造力」です。

「創造力」は持って生まれた固有なものかもしれません。しかし、私たちは作家やデザイナーを目指しているわけではなく、表現の巧拙はあまり問われません。また、自らの手ですべてを表現する必要もありません。

デジタル技術が普及した今は、さまざまなツールが開発されていて、気の利いた絵が描けなくても、ネット上にあふれるさまざまな写真や動画から一番近いイメージを持ってくることもできれば、上手に絵にしてくれる便利なツールもあります。こうした技術で代替されるのは、もはや創造力ではなくなったということです。仕事で使える「創造力」は、必要なことを相手に伝えたいと思う強い心があれば、手に入れることができるのです。

二つの「そうぞう力」は、誰の心の中にも備わっていて、トレーニングさえすれば誰でもよいストーリーづくりに生かし、具現化ができるようになります。

魅力あるストーリーを作る材料を用意する

ところで、「正解」がないようなレベルの仕事を遂行するに当たって、最も大切なのはPDCAを貫く「ストーリー」だと私は考えています。

「ストーリー」とは、映画のシナリオのようなものと考えてください。自分が目指している物事やプロジェクトのゴールにどうしたら自然に導けるか、その道筋が「ストーリー」なのです。自分の考えや「ゴールの根拠」を周りの人たちにも納得してもらえるようにさまざまな要素をつなぎ、組み合わせて、時にはドラマチックに「ストーリー」を作っていきます。

このような「ストーリー」がなぜ必要なのか。それは、すべての物事の正解が一つではないからです。自分の考える正解をすべての人が同じように考え、賛成してくれるとは限りません。チームのメンバーがみな違う正解に向かって進んだり、イヤイヤひとつの正解に向かってしまったりしては、よりよい成果に結びつかないのです。

だからこそ、自分の考える「ゴール」に納得してもらい、力を合わせて進めるような「ストーリー」が必要になってきます。多少の考え方の違いがあったとしても、ストーリーが最初から最後の道筋を描いているからこそ、あなたの想いが込められているからこそ、みんなが納得し、困難な仕事も力強く動き出すのです。

ストーリーを作るためには、材料が必要です。本書で見てきたさまざまな成長の方法を通じて得られた経験こそが、あなた自身が手にしている、いわばオリジナルの材料＝経験値に該当します。

しかし、材料は加工なしでは使えません。

まず、日ごろから材料である過去の経験値を、いくつかの特徴的な要素に分解しておくことです。なぜなら、この手の困難な仕事では、一つの経験値がそのまま使えることがほとんどないからです。一つの経験値を分解しておくことで、応用の幅を広げておこうとい

入門編 初級編 中級編 上級編 超上級編

うことです。私は分解の要素として、「仕事の特徴」、「メンバーのキャラクターと能力」、「スケジュール」、「コスト」の4つを用いることが多く、皆さんにもお勧めしたい方法です。その他、5W1Hなどで分けていくこともよいでしょう。

次に、これら分解した経験値の中から、目の前に立ちはだかる仕事を動かす「ストーリー」に使えそうな要素（私はこれを「エッセンス」と読んでいます）をいくつかピックアップするのです。この段階で集めたエッセンスは、そのあとのストーリーにすべて使われるわけではありませんが、可能性を感じるものをピックアップしておくことが大切です。

こうして集めた「エッセンス」は、実はさまざまな仕事の「ストーリー」にも使えることが多いのです。これらは、私にとって数々の経験値の中でもとても役に立つ大切なもので、まさしく「エッセンス」と呼ぶべき存在なのです。

ストーリーには「あらすじ」と「ディテール」がある

材料であるエッセンスがそろったのち、ストーリーをどのように作るのか。これはまさしく映画のシナリオのように、良し悪しが問われます。

ストーリーには大きく二つの種類があります。

一つ目は、壮大な映画のシナリオのように、大きな仕事などにおいて長期にわたって実行する、全体のあらすじのようなストーリー。もう一つは、より日常的で、一瞬の対応から、1日～数週間程度までをどのような考えでもって対応するか、いわばディテールのストーリーです。

いずれの場合でも共通しているのは、ストーリーが、どのような考え方で対処していくかを示す重要なものだということです。

たとえば、私は重要な打ち合わせの同席を求められることがたびたびありますが、ストーリーが見えていないと自分がどのように立ち振る舞うべきか、とても判断に迷います。

このような場面で即座に描けるストーリーは、その会議の雰囲気から把握できる小さなストーリーとなり、そのなかで受け応えをすることになります。

一方、大型案件での工事中の増額にともなうコストの協議の場合。工事完了時に全体としてどの程度の増額で抑えるのか、そして現在のコスト増と今後の見込みはどうか、こうしたことがストーリーとして描けていなければ、これまでの変更をもとに戻すくらい強気に交渉するのか、是々非々で認めてよいのかなど、交渉のスタンスも定まりません。

このような場面では、工事が終わるまでの期間の長い大きなストーリーを描くことになるわけです。

正解がない仕事で使う「ストーリー」というと、とても特殊な仕事をイメージしますが、この「ストーリー」の考え方は、壮大なプロジェクトからこのような日常的な仕事にも使える便利な考え方といえます。

ここからは、具体的な事例を見ていくことにします。

ストーリーは切り口とエッセンスの「組み合わせ」で作る

とくに大きなプロジェクトでは、ストーリーの良し悪しが成否を分けるといってもいいでしょう。というより、プロジェクトが大きくなればなるほど、しっかりとしたストーリーがなければ、途中で破綻しかねません。

十分なストーリーをどう紡ぐか。ポイントは「組み合わせ」にあります。

私は今、あるスポーツ関係のプロジェクトに関わっています。その内容について詳しく書くことはできませんが、もともとは、トップアスリートなどが使用するトレーニング施設を計画することから出発したプロジェクトです。

この仕事は、イニシャルや、ランニングコストを抑え、トップアスリートの強化などに、より多くの予算を割り当てられるよう、ひとつのプロジェクトの枠を越えたもっと大きなゴールを描く必要が生まれました。そこで、私たちは単なるトレーニング施設ではなく、都市公園の魅力を再構築し、世の中に新しい価値を発信しながら、ファンや地域住民を含む多くの人に喜んでいただける場所にするというゴールを描き、共同事業者を募りコストの課題を解消することとしたのです。

図7－①は、このプロジェクトで考えるべき「切り口と強み・弱み」の例を一部抜粋して示したものです。つまり、社会↓地域↓クライアント↓自社↓自分個人と行ったり来たりしながら検証していることを意味します。五つの切り口については、ほかのケースでも応用できるものですので、ぜひ覚えておくとよいでしょう。

次に図7－②は、これまでに私が経験してきたことからこのプロジェクト

図 7-②
プロジェクトで役立ちそうなエッセンス

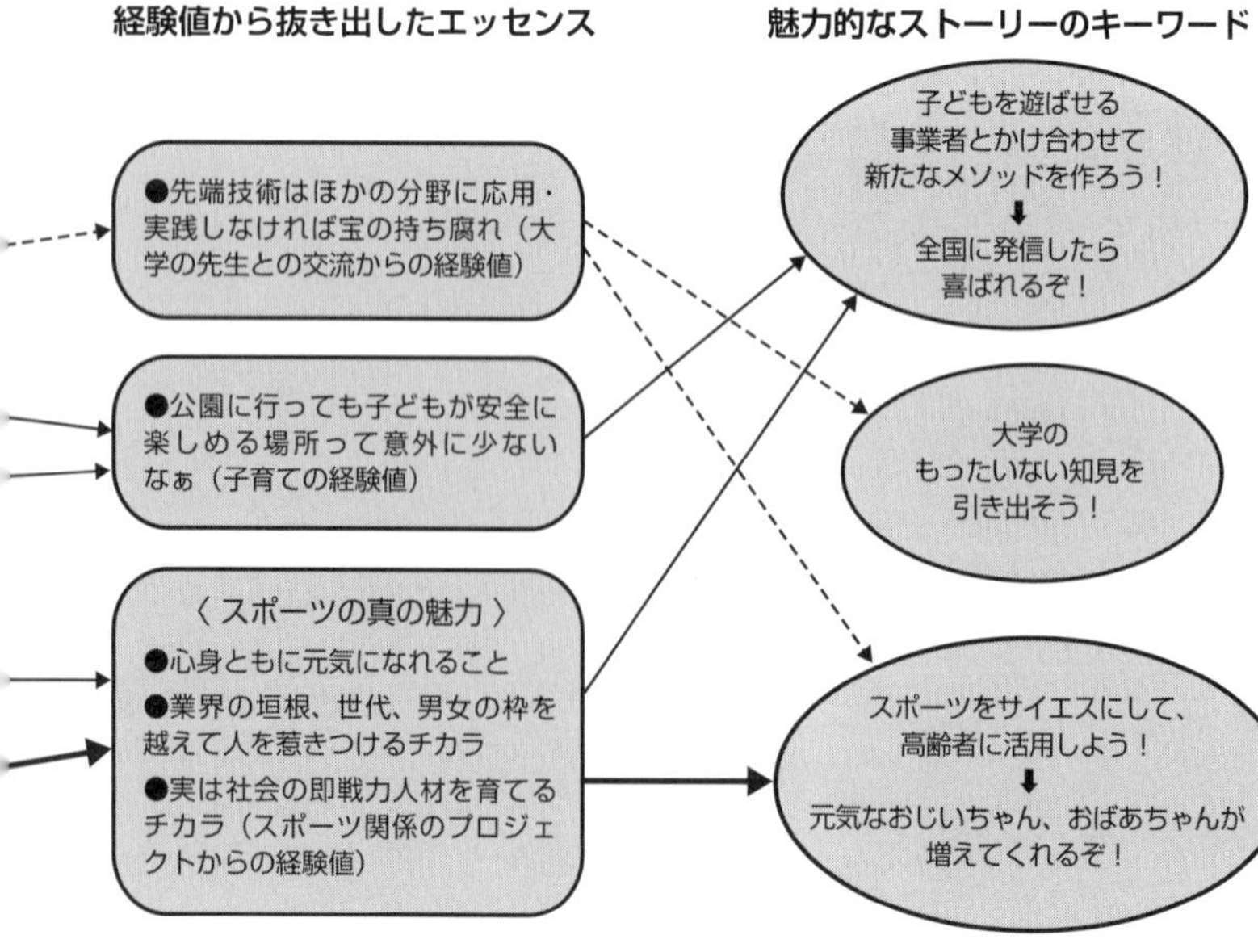

経験値から抜き出したエッセンス
魅力的なストーリーのキーワード
●先端技術はほかの分野に応用・実践しなければ宝の持ち腐れ（大学の先生との交流からの経験値）
●公園に行っても子どもが安全に楽しめる場所って意外に少ないなぁ（子育ての経験値）
〈 スポーツの真の魅力 〉
●心身ともに元気になれること
●業界の垣根、世代、男女の枠を越えて人を惹きつけるチカラ
●実は社会の即戦力人材を育てるチカラ（スポーツ関係のプロジェクトからの経験値）
子どもを遊ばせる事業者とかけ合わせて新たなメソッドを作ろう！
全国に発信したら喜ばれるぞ！
大学のもったいない知見を引き出そう！
スポーツをサイエスにして、高齢者に活用しよう！
元気なおじいちゃん、おばあちゃんが増えてくれるぞ！

でも役に立ちそうなもの、つまりエッセンスを選んで示しています。

私は、図7-①・②の要素を組み合わせ、大きなストーリーを描いたのですが、ここではわかりやすく二つのミニストーリーを示します。いずれにしてもこのようなストーリーに沿って、この敷地に建てる施設だからこそ、そしてこのクライアントだからこそできる社会貢献をしながら、予算を抑えるという課題解決をも図ろうというものです。

・クライアントと、子どもを遊ばせるノウハウをもつ事業者それぞれが持

図7-①
あるスポーツプロジェクトのためのメモ

5つの切り口

自分・個人	自分を育ててくれたスポーツの世界に恩返ししたい 週末にフラッと来て、良い時間を過ごせる場所がほしいなぁ
自社	スポーツ以外のクライアント・ネットワークをプロジェクトに生かそう
クライアント	子どもにスポーツを好きになってほしい 身体を動かすメソッドが眠っていてもったいない
地域	異なる競技の魅力を融合できないか ここにしかないキラキラした魅力がほしい
社会	少子高齢化社会と健康ブーム モノからコト消費時代へ

つメソッドをかけ合わせよりよいメソッドとする。そして全国の子どもたちへ提供し、子どもにも親たちにも喜んでもらおう！

・クライアントのメソッドと大学に眠っている知見を組み合わせ、スポーツを根性論からサイエンスに変えよう！↓アスリートの競技力の向上だけでなく、高齢者にも提供し、高齢化社会に対するソリューションをつくり上げよう！

これらはこのプロジェクトに参画する事業者とのＷＩＮ－ＷＩＮの関係構築に貢献するものです。協業することで事業者には大きな機会を獲得してもらい、クライアントは敷地の持つ商業的な難しさを脱して、この場にとどまらない魅力を創出できる――、そんなストーリーといえます。

こうして、私たちはストーリーに共感してくれるパートナーと、検討を開始することになりました。

このケースでのポイントは、第5章までで培ったさまざまなものの見方や、そこから得られた経験をもとに問題点を把握しエッセンスを抽出し、それらを組み合わせてストーリーを形作っていくことにあります。

「組み合わせ」の成果で変わるストーリーの鮮度

先ほどのプロジェクトでは、「新しい魅力を創り出そう」という掛け声のもとに、クライアントやメンバーと何度も真剣に、そして楽しく話をして、アイデアを引き出していきました。ここまでは、本書で書いたようなさまざまな方法を応用すればできることです。

しかし、そのプロセスのなかでは「新しい」という言葉が大きなプレッシャーになっていました。「新しい」とは、非常にありふれた言葉でありながら自分に向けられると大きなストレスを感じる恐い言葉でもあったのです。私自身も、純粋に新しいものを生み出せといわれたら、簡単にギブアップしてしまうと思います。そんな簡単に新しいものが生み出せるわけがないと思っているからです。

では、私がここでいう「新しさ」とは、何を指しているのでしょうか。

私は、建物のデザインをしていた頃から、「まったく新しいもの」など、そもそも世の中にはないのではないかと思っていました。これは私自身が天才ではないことの証明ですし、面倒くさがりの私はそこに向かう努力もゼロ、無意味と考えていました。天才とはまったくの無から新しいものを創り出せる人を指すと思うのですが、そういう人はほんのひと握りしか存在しません。

建物のデザインには、まったく同じものなどありません。

使う材料は、ガラスや石や木、あるいはコンクリートなど、決まった材料ばかりです。デザインで使う要素は、常にガラスなどの開口部と壁面です。しかし、窓の形や材料の組み合わせ、通常と少し違った使い方などを目にすると、建築のデザイナーだけでなく一般の方も「新しいデザイン」として受け取り、喜んでくれるのです。

このような経験から、私は世の中にある「新しさ」、正確には人々が「新しさとして感じているもの」とは、「組み合わせ」や「解釈」の新しさだ、と考えるようになったのです。

実際、先ほどのプロジェクトの例でも、一つひとつの要素に新しいものはありません。

しかし、持ち込む要素を吟味し、上手に組み合わせれば、ほかにはない、ワクワクするような新しいものが生み出せるのです。
「正解」のない仕事を求められ、新しく誰もやったことのない仕事での成果を求められたら、まず「組み合わせ」によって新しい「ストーリー」を考え、提案してみてください。

ストーリーに「自分事」を組み合わせればオリジナリティーにつながる

先の例では、うまくこれまでの経験を組み合わせてストーリー化したことで、十分魅力的なプロジェクトができ上がってきました。しかし、この仕事のように答えのない仕事はなかなかその後も一筋縄ではいかず、いくつもの壁にぶつかるものです。

そんな時にでも、ＰＤＣＡを止めずに自らが能動的に取り組めるようにするためには、自分自身、つまり私という個人にとって「こんなものがあったらいいな」、「こんな夢を実現したいな」と思う切り口を加えていくといいでしょう。図7-①の一番左上の要素です。この5つ目の切り口を加えていくことが、実は仕事が難しくなればなるほど大切になってくるのです。

「自分がこの仕事でやりたいことは何だろう?」

「自分がこの仕事でやるべきことは何だろう?」

これは、自分事として考える際に、私がいつも自分に問いかけている「マジックワード」です。また、この問いかけは、チームのメンバーにも投げかけることができますし、言い方、使い方にさえ気をつければ、クライアントにも応用できます。

私たちがしていることは遊びではなく仕事です。クライアントへの貢献は当然のことです。しかし、高度になればなるほど、正解が簡単に求められないレベルになればなるほど、ただ真面目に仕事を単なる仕事としてとらえ、自分自身の人生と切り離しているようでは何も生み出せなくなります。

そこにはさらに自分の想いを投入し、自分事として仕事ができる環境を作るべきです。それが差別化の原動力になりますし、自分自身が仕事を楽しめるきっかけにもなります。

クライアントやプロジェクトの責任者からの指示を日々仰ぎ、彼らの評価だけに一喜一憂する働き方ほど、ストレスフルなことはないと思います。もちろん、経験が浅いうちは当然アドバイスを必要としますし、評価は気になるでしょう。経験の長短にかかわらず、会社員である以上、評価がついてまわるのも間違いのない事実です。

しかし、他人の物差しで生きていれば、結局ずっとそれに振り回され、やがては振り回されていることを仕方ないと感じるようになってしまいます。それでは楽しくないし、自らのモチベーションが長続きしません。もちろん私も、クライアントの評価はとても気になりますし、大切に受け止めます。ただそれによって、仕事が自分事と完全に切り離されてしまうと、オリジナリティーは消滅してしまうでしょう。

先ほどの例では、私は、「スポーツビジネスのよき成功例とすることで、自分を育ててくれたスポーツに恩返しする」、「用事がない週末に家族や一人でフラッと訪れて、いい時間を過ごせる場所がほしい」という項目を入れました。

なんだか独りよがりで、仕事を私物化しているように思えるかもしれませんが、一般の利用者を巻き込むに当たっては、無目的な個人までも巻き込むことが大切ですから、私自身もその一人として楽しめるような項目を加えました。それが、私自身を動かす力になります。仕事ですが、強い情熱を注ぐことができます。

仕事には、私たちの人生の大切な時間を投入しています。それをただの仕事としてこなすか、自分の人生の一部として情熱を注ぎ、楽しく遂行するかは、人生の質そのものを変えます。そして、その情熱こそが、ストーリーの差別化、新しさにもつながっていくのですから、実に美しい裏表の関係になっているのです。

ストーリーを作る際、真面目な人ほど、きちんと作ろうと頑張る傾向にあるようです。とてもよいことに思えますが、あまりに真面目に取り組むと案外ストーリーの振り幅が少なく、逃げ場所のない、窮屈で退屈なものになりがちです。

とくに、正解がなく自分でも絶対に想定どおりうまくいくと確信できない難しい仕事のストーリーを作る際は、大きく幅を取ることを心掛けます。言い換えれば、それはいつでも二の矢、三の矢を放てるストーリーであるということです。そのほうが成功の確率は高くなります。

では、実際にどうやって幅のあるストーリーを作ればいいのでしょうか。ここで「端と端」の考え方を応用します。一方の端は、ちょっと突飛な、あるいはエッジが利いていると評されるストーリーを、もう一方には、オーソドックスながらちょっと気が利いている程度のストーリーを置き、その真ん中付近に仮のゴールを置いて、ストーリーを選別し、吟味していくといいでしょう。

より実用的な使い方に言及すれば、まずは低いほうの端に設定してスタートし、仕事を進めながら、だんだん高めていくという方法もあります。

成否を決める、自分の「準備」＋相手の「コンディショニング」

もしも、明日に重要な会議があるのなら、前日は短時間であってもなにがしかの準備をするべきでしょう。ビジネスにおける「準備」は、面倒な反面、怠ると大変な事態を招いてしまいます。

本書がずっと述べてきた内容も、結局のところ、その多くは準備の有効な手段であるといえます。

私は小学校から高校まで、剣道や野球など、スポーツに明け暮れた子ども時代を送ってきました。とくにスポーツでは、準備不足はすぐさま失敗や敗退を招くため、とくに念入りに行う必要がありました。こうした経験が染みついているので、私は今でも準備をとても大切で重要なことだと思っています。

その一方で、最近私は、この「準備」と似たような言葉で「コンディショニング」という言葉に気づきました。

これもやはりスポーツ選手が好んで用いる用語で、簡単にいえば、自分のパフォーマンスを最大化するために体調やメンタルを整えることを表しています。

準備は、あくまで自分や自分のチームのために行うものです。しかし、会議であれば、自分でも自分のチームでもない相手がいます。相手に対して「準備する」というのは少々しっくりきません。

しかし、相手があなたの発言や提案を理解するための準備が必要なことは間違いありません。相手がこちら側の発信する情報を正しく理解し判断できるように、むしろこちら側から進んで相手の状況を整えてあげる――。私は、このことをビジネス上の「コンディショニング」と呼んでいます。

ビジネスにおいては、相手と自分たちの間に必ず情報の格差があります。私たちの例でいえば、こちら側が建築のプロであり、相手側はそうではありません。何かを提案するなら、相手はあくまで受け入れる側です。提案する側はそのプロセスのなかで、現状の課題や実現したい価値について深く思考し、何より相手にわかるよう、かみくだいて提案するべきです。

この過程を怠ると、相手のために、相手より深く考えれば考えるほど、かえって前提とする情報に格差が生じ、相手に伝わらなくなってしまうのです。このような状態では、どんなに素晴らしい提案をしても、なかなか相手には理解されません。こうした状態を「コンディショニング」によって、是正しようというわけです。

コンディショニングは、実際には提案の前段で行うことがベストです。しかし、いつもそんな恵まれた環境で仕事することはできません。

私は、一発勝負のプレゼンテーションの場であっても、必ず相手をコンディショニングしながら自らの提案を説明するようにしています。相手がどこまで受け入れられるかを図り、助けながらプレゼンテーションを進めます。これが、プレゼンテーションで勝つためのポイントだからです。

失敗しにくいＰＤＣＡはスパイラル状になっている

私はあまり失敗したという記憶がありません。なぜなら、失敗しにくい仕組みでＰＤＣＡを回しているからです。

普通、ＰＤＣＡは計画を立ててそれを実行し評価し改善します。すると必ず計画した回数分、その結果も評価も生まれます。普通は成功するまで繰り返すわけですから、成功に至るまで失敗は積み重なっていきます。

一方、私が計画する場合は、あらかじめどんなことが起きるか複数のストーリーを描き、実際の行動の過程でも、常に想定の範囲内に収まるよう微調整を繰り返しつつ、思いどおりにいかない場合は、ストーリーとゴールを軌道修正して、ＰＤＣＡを回し続けます。そのため、あるストーリーで始めたその延長線上で、必ずなにがしかのゴールに達することができているのです。ですから失敗するという記憶が残らないのです。

私は、このように大切なゴールすらも変えてしまいます。もちろん、目標は変えませんしゴールをコロコロ変えることもしませんが、それでもほとんど反則技に聞こえます。なぜ、いざとなったらためらいもなく変えられるかといえば、それはゴールそのものも自分で決めているからです。会社から与えられたゴールを勝手に変えるのはさすがに難しくても、自分で決めたプラスαの取り組みであれば、決定権は私にあるのですから、自由に変えられます。

私はこのようなPDCAの回し方を、一般的なPDCAとは区別して、「スパイラルアップPDCA」と呼んでいます。特別なテクニックは不要です。最初の計画にこだわるのではなく、同じ成果を得ることに集中し、条件が変われば答えは変わるという、当たり前の考え方さえあれば大丈夫です。

たとえば、プロジェクトのメンバーが、設定した時間になってもまだゴールに達していなければ、普通は「失敗」とみなされるでしょう。ところが、私の場合、自分が失敗と思わなければ失敗ではありません。私の理解では、まだまだ途中経過で、今のところはやや形勢不利といったところです。この場合は、スケジュールという条件を少し変えて見たと言うものです。

このように他人の決める「失敗」は恐れるに足りません。自分事で仕事をし、そしてスパイラルアップでＰＤＣＡを回し続けてみてください。

「大数」を自分流にアレンジして相手の心を揺さぶるストーリーを

「大数の法則」という言葉を、生命保険会社に転職していた時期に知りました。

サイコロを振ると、１から６の目のいずれかが出ます。ある時は１の目が続いたり、１と２の目が交互に出たりもしますが、何回も振るうちに、それぞれの目が出る確率はどんどん６分の１に近づいていき、一回一回の出現の乱れは、長いスパンでの結果には影響を与えない、という法則です。

これをビジネスに応用すると、たとえば、自社商品を消費者に買ってほしい企業は、多数のユーザーに認められる価値を提供することでヒット商品を生むことができます。これはＢｔｏＢの会社でも同じです。大数の法則から社会や多くの消費者が望む価値を想定すれば、企業の経営戦略やプロジェクトのゴールなども精度高く把握することができるのです。

この大数の法則で導かれるものをゴールに据えれば、それなりのものにはなるでしょう。しかし、大きな問題が残ります。それは面白味に欠けるということです。たとえば「環境にやさしい」という言葉は、社会全般に受け入れられていますが、どの企業も取り組んでいるテーマで、代わり映えがしません。せっかく「環境対応」を言うのであれば、そこに固有の魅力がほしいのです。

そこで、「自分ならこれがいい」と思う考えを加えます。そうすることで、独自の価値と彩りが生まれ、人をひきつけることができます。そして、「自分なら」の考えが入ったストーリーで、自らも自己実現に向けて能動的に動けるようになります。

自分固有の考えを持ち込むことは、一見、大数の法則から外れるため、不安を覚えるかもしれません。しかし、どのような考えも、大数のなかには必ず存在します。一定数の市場のニーズには合致していますし、一つの考えとして頭から否定されるものでもありません。「自分なら」が受け入れられるかどうかは、どれだけ聞き手に納得感を与えられるかによるのです。だからこそ、常にストーリーで語ることが必要になります。

「自分なら」の考えが入っていないストーリーは、カタログのようなものです。カタログでは人の心を揺さぶることはできません。

「大数の法則」と「自分なら」を組み合わせることこそが、正しい主張に基づきながらもエッジの利いたストーリーを生み出す秘訣なのです。

仕事にはマンネリ感を打ち破る「ハイライト」が必要

同じ仕事を長く手掛けていくうちに、退屈が忍び寄ってくることがあります。扱う対象やクライアントが変わるだけで、やることはほとんど同じ。モチベーションは低下し、緊張感もなくなりがちです。仕事におけるこうしたマンネリ感は大きな危機といえるでしょう。そこで、変化をもたらすハイライトを埋め込む工夫が必要になってきます。

先ほど述べたスポーツ関係のプロジェクトは、まさにハイライトづくりに成功した例となりました。

プロジェクトがスタートした当初の計画は、トップアスリートなどが利用するトレーニング拠点を作るというものでした。それ自体は、いつも私が手掛けている仕事とそれほど変わりません。オフィスビルや工場の建設が、今度はスポーツ施設になったにすぎません。

しかしそこには、どのプロジェクトにもあるような予算上の問題と、さらにほかの競技と一緒に何かをできるかもしれないというほかにない魅力、都市公園の活性化を後押しする国の施策、敷地の真ん中に賑わいを阻害する大きな駐車場の存在といった、さまざまな課題と魅力が混在していました。

このいわば〝こんがらがった状況〟では、プロジェクトに関わる多くの人から適切な解決が望まれます。また、プロジェクトが成功すれば、多くの人々から喜ばれます。そこで、スポーツをキーワードに、相乗効果を発揮できる事業参画者を募り、地元行政とともに活気ある街づくりへの貢献を目指したのです。

解決の難しい課題や、社会的な課題などを、さまざまな魅力を生かしながらみんなが喜ぶストーリーにまとめるのは、挑戦しがいのあることで、ひいてはハイライトにもなります。自らの工夫や努力によって素晴らしい場所になり、多くの人が喜んでいる様子を想像するだけで、私はとてもワクワクしてきます。

実際に、ハイライトが実現すれば、国が推進する「都市公園による賑わいづくり」への成功事例にもなり、社会に幅広く貢献できます。しかも、これまでのように行政が舵を取って実行するのではなく、一民間団体がリーダーシップを発揮してやるという初めての試みになります。

地元住民にも喜ばれますし、賑わいづくりを通して予算の問題もクリアできます。何よりも「豊かなスポーツ文化を創造し、人々の心身の健全な発達と社会の発展に貢献する」というクライアントの理念にも応えることができます。

まさしく、私にとってはハイライトにふさわしい取り組みになっています。もっとも、このプロジェクトは現在もまさに取り組んでいる途中で、本当に実現できるかどうかはわかりません。いまだ数々の問題が立ちはだかっています。しかし、チャレンジすることが大切ですし、簡単ではないハイライトだからこそ、関係者がモチベーション高く取り組めるのです。

これはだいぶ大掛かりな例ですが、日常の仕事でも小さなハイライトは作れます。今日は、こんなことにチャレンジしちゃおうかな？　と、毎日密かに楽しむのです。

どんな仕事でも長く携わっているうちに変化に乏しくなり、面白味がなくなります。これを解決しようとする心掛けを持っていることも、重要なことだと考えています。

感情の流れを上手につかめばPDCAを上手に回せる

仕事をうまく、効率的に進めるには、まず「流れ」の良し悪しを的確に判断する必要があります。

よい流れが続いている時も決して浮かれることなく、注意を怠ってはいけません。ちょっとしたきっかけで流れが変わってしまうからです。慎重に、おごることなく、悪い方向にならないよう注意すべきです。

それでも、全体の流れは少しずつ変わります。仕事には相手やチームのメンバーなど、さまざまな関わりがあるため、自分ではどうしようもない、影響力が届かないところで、よい方向にも悪い方向にも変わっていく可能性があるのです。

ここから学ぶべきは、自分が行動するタイミングを計ること、自分の「武器」を最も効果的なタイミングで使う、そういうちょっとした賢さが必要になるのです。

この考えは、日常の仕事でも生かせます。

たとえば、先方に少しずつ不満が蓄積されてきたために、些細なことが思わぬ事態に発展することがあります。仕事においては、ロジカルな流ればかりに目がいきますが、相手の感情的な流れにも考えを巡らしてみてください。

30代前半くらいまでは、ロジカル一辺倒で判断するだけでもよかったかもしれませんが、さらにもう一段成長し、大きなPDCAを回していくためには、感情の流れもしっかり見て、状況をつかむよう心掛けることが大切なのです。


最後のこの章は、少し難しい内容だったかもしれません。しかし、私がいうまでもなく、世の中に目を向ければ、人工知能は急速に進化を続け、「正解」を導く仕事の多くが取って代わられる時代が迫っています。

そんななかで残る仕事は、「正解」のない難しい仕事になるはずです。今はピンとこなくてもかまいません。いつか「正解」のない仕事に取り組むことを求められた時、ぜひこの章を思い出して、もう一度読み返してみてください。

第6章のまとめ

正解がわからないような難しい仕事ほど、想像力と創造力の二つの「そうぞう力」が、いいストーリーづくりを大いに助ける。

正解のない難しい仕事ほど、ストーリーで相手を動かす。

自分の経験値を日ごろから分解しておけば、答えのない仕事のストーリーに活用できる。

「あらすじ」と「ディテール」のストーリーを駆使して自らの行動を決断する。

ストーリーは五つの切り口と、エッセンスの組み合わせ、さらに自分事を加えて作り出す。

スパイラル状にPDCAを回し、失敗せずに賢く経験値を増やす。

「準備」と「コンディショニング」と「流れ」の把握で、自分の力を最も効果的に活用する。

あとがき

この本は、皆さんの成長へのヒントとなったでしょうか？

いわば、ＲＰＧの隠れたヒントのように、日常生活や仕事には成長への隠れたヒントがたくさんあります。しかし、その多くは、少し考え方を変えたり、やり方を工夫するといったもの。それだけに目立つことはなく、多くの方は忙しい日常に見逃してしまいます。そんな、言うなればたった「１％」のヒントを、私はムダにせず少しずつ賢く自分の経験に加えてきました。そして、長い時間をかけて、借り物ではない、自らの得意技を作り上げました。もちろんそのプロセスでは、血のにじむような努力なんてゼロ。にもかかわらず、周りの人が驚くほどの大成長をとげることができたのです。本書は、こうして獲得した技の中から選りすぐった必殺技をわかりやすくまとめたものです。だからこそ、きっと皆さまの琴線に触れ、成長へのきっかけになってくれるものと、強く信じています。

「面倒くさがり」で「生真面目」「心配性」といった欠点だらけな一方、「好奇心」の強さだけが救いとも思えるごく普通の私が、このような執筆の機会を得ることができたのは、子どもの頃から現在に至るまで私を粘り強く支えてくれた家族、友人、そして何よりプロジェクトを通して共に戦ったクライアントの皆さまのお陰に他なりません。つまり、私の必殺技は、皆さまと協働し、創り上げたものといえます。ですから、本書を通して世の中に還元し、少しでも社会に貢献することが、私の責務であり皆さまへの恩返しと考えています。この場を借りて、心からお礼を申し上げたいと思います。

なかでも、取材に応じていただいた前職の上司である清水さん。適格な木下評によって、自らがどんな存在なのかを振り返るよい機会となりました。さらに、執筆の機会を与え、同時に背中を強く？ 押し続けてくれた山下ＰＭＣの川原社長、共にクライアントの「施設参謀」としてプロジェクトのよりい成功に向けて頑張ってくれているＰＭＣの仲間たち。ありがとうございました。

また、ビジネス書にまとめるというミッションに自らの考えを整理するよき参謀となってくれた納見さん、掛本さん。わかりやすい文章に編集してくれた増澤さん、陣内さん、ダイヤモンド社の花岡さん。そして妻と二人の子どもたち。皆さんの力がなければ、本書を仕上げることはできませんでした。心から感謝します。

最後に、本書が読者の皆さまのよい「経験値」となってくれることを願って、締めくくりたいと思います。みなさん、本当にありがとう！

２０１８年10月吉日

［著者］
木下雅幸（きのした　まさゆき）

1968年、茨城県水戸市生まれ。神戸大学大学院工学研究科建築学修了。建築設計事務所大手の山下設計で設計業務に従事し、丸の内オアゾなどの大型プロジェクトを担当。

2007年、大手生命保険会社に入社し、不動産投資グループにて、数多くの新規投資やバリューアップなどの投資事業を手がける。

2010年に山下PMCに入社し、多数のプロジェクトに関わる。現在は事業会社の参謀としてビジネスモデル創出型のサービスを展開。プレゼンテーションの勝率9割の実績を持つ、山下PMCのトップコンサルタント。

主な実績として
・北海道日本ハムファイターズ　ボールパークプロジェクト
・エイベックス本社ビルプロジェクト
・JFA（日本サッカー協会）ナショナルフットボールセンター
・横浜市新市庁舎プロジェクト
・連載「木下雅幸の3分間マネジメント」
　本書のような、仕事術を定期的に発信しています。
　https://www.ypmc.co.jp/topics/management/

ムダな努力ゼロで大成長 賢い仕事術
――ロールプレイングPDCAで毎日1％仕事力をアップする

2018年10月31日　第1刷発行

著者――――木下雅幸
発行所―――ダイヤモンド社
〒150-8409　東京都渋谷区神宮前6-12-17
http://www.diamond.co.jp/
電話／03-5778-7235（編集）　03-5778-7240（販売）
装丁――――ジュリアーノ・ナカニシ
イラスト―――秋葉あきこ
本文構成―――増澤健太郎・陣内一徳
企画・編集協力―納見健悟
製作進行―――ダイヤモンド・グラフィック社
印刷・製本――三松堂
編集担当―――花岡則夫・久我茂

ISBN 978-4-478-10463-7